真正的强者，
一个人也像一支队伍

哲思·成长卷

○人民论坛网　编著

人民日报出版社
·北京·

图书在版编目（CIP）数据

真正的强者，一个人也像一支队伍：成长卷 / 人民论坛网编著 .—北京：人民日报出版社，2022.12
（哲思）
ISBN 978-7-5115-7562-3

Ⅰ.①真… Ⅱ.①人… Ⅲ.①散文集—中国—当代 Ⅳ.① I267

中国版本图书馆 CIP 数据核字（2022）第 211158 号

书　　名：	真正的强者，一个人也像一支队伍（成长卷） ZHENZHENG DE QIANGZHE, YIGEREN YE XIANG YIZHI DUIWU
编　　者：	人民论坛网编著
出 版 人：	刘华新
策 划 人：	欧阳辉
特约策划：	陈阳波　王　慧　杜凤娇
责任编辑：	寇　诏
文字编辑：	杨冬絮
特约编辑：	翟羽佳　常　嫦　王思楠　王　爽　银冰瑶　曲统昱　刘　璇
封面设计：	观止堂_未　氓
版式设计：	陈　琳
插图来源：	摄图网　千图网
出版发行：	人民日报出版社
社　　址：	北京金台西路 2 号
邮政编码：	100733
发行热线：	（010）65369509　65369527　65369846　65369512
邮购热线：	（010）65369530　65363527
编辑热线：	（010）65363105
网　　址：	www.peopledailypress.com
经　　销：	新华书店
印　　刷：	北京博海升彩色印刷有限公司
法律顾问：	北京科宇律师事务所　（010）83622312
开　　本：	880mm×1230mm　1/32
字　　数：	85 千字
印　　张：	7.5
版次印次：	2023 年 3 月第 1 版　2023 年 11 月第 2 次印刷
书　　号：	ISBN 978-7-5115-7562-3
定　　价：	49.00 元

目录

A 向上的路,从来都不好走

一个人高级的修行,是向内生长 / 3

向上的路,从来都不好走 / 7

人生尤其艰难的4件事,熬过便是成熟 / 11

自弃者扶不起,自强者打不倒 / 15

人与人之间的差距,取决于底层能力 / 18

人生非常值得的5种"投资" / 23

对待人生正确的态度:具有使命感 / 27

解决问题十分高明的方法 / 30

5个"强者法则":一切都是自己的选择 / 34

B 越是艰难处，越是修心时

人在低谷时，越活越有价值的几种能力 / 45

越是艰难处，越是修心时 / 49

成为强者必经的 3 个阶段 / 53

人生的 3 把钥匙：自信、自省、自律 / 57

熬过人生的低处，方能抵达生命的高处 / 61

真正的强大，从放下这 5 样东西开始 / 66

人活到极致，就是在别人看不到的地方节制 / 70

成大事者，必有大能量 / 74

人生，能炼气方成器 / 78

艰难时刻，12 句话让你看清人生逻辑 / 82

C 真正的成长，从改变自己开始

人与人的差别，就在于遇事的状态 / 93

人生四大幸事：枕边有书，身上无病，善交益友，
　　心中有爱 / 96

能扛事的人，往往具备这些能力 / 100

一个人的最佳状态：心中有光，慢食三餐 / 104

惊人的简约法则 / 108

这些习惯，足以改变你的人生 / 114

请相信："相信"的力量 / 118

能控制早晨的人，也能控制人生 / 121

保持幸福的 6 个微习惯，胜过无数大道理 / 125

6 种底层思维：让自己变厉害 / 129

你对人生的态度，决定你会成为什么样的人

惊人的"强者法则"：做自己的靠山 / 141

人生最大的不幸，就是无法认清自己 / 145

人生四时，把握住就是机遇 / 148

真正的高手，都懂得"稳定"的重要性 / 152

成大事之人，有5"戒" / 156

人到中年，这几件事比面子更重要 / 161

沉淀自己，找到人生最好的状态 / 164

自助者，天助之 / 167

在自己的节奏里，过好这一生 / 170

6句箴言，道破成事之要 / 173

E 所谓成长，就是不断破局

层次高的人，具有这 6 个品质 / 185

人与人为何会逐渐拉开差距 / 189

提升思维层次，人生才能破局 / 193

工作多年后才会明白的道理，受益终生 / 197

真正的强者，一个人也像一支队伍 / 201

做人的大智慧：学会选择，懂得放弃 / 205

如何判断一个人内心是否强大 / 209

豁达的人生观，就藏在这 5 句话里 / 213

成年人特别需要的思维能力：破局思维 / 217

18 个终身受用的思维方法，你不可不知 / 221

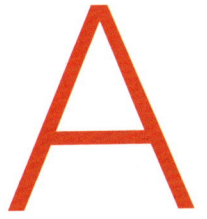

向上的路,从来都不好走

一个人高级的修行,
是向内生长

每个人终其一生,都在寻求和世界最好的相处方式。

向内生长,活的自洽,是很多人希望达到的人生境界。

不刻意追求别人的认可,遵循自己的内心

我们本就该为自己活,而不是活给他人看。不必过于在意外界的看法和别人的认可,这样我们会更轻松、更自由。

有句话说得好:我们曾经如此期待别人的认可,到最后才知道,世界是自己的,与他人毫无关系。

同声相应,同气相求。相似的事物,总会互相吸引。

你是谁,就会遇见谁。你对待别人的方式,决定着别人如何回馈你。你成了最好的自己,自能遇见更好的别人。

不在意琐碎的纠缠,关注自我的成长

有个成语叫"破甑不顾",说了这样一个故事:一个名叫孟敏的人背着甑(古代的瓦制器皿)行走在路上,不小心将甑掉到地上摔碎了,孟敏头也不回地继续向前走。这一幕恰好被当时的名士郭泰看见,他感到很是奇怪,就问孟敏为什么看都不看就走了。孟敏说,都已经摔碎了,再看又有什么用。

生活中的琐碎,只要拿起,那就是事儿;一旦放下,也就随风飘散了。

不纠缠过往,把时间和精力放在自我成长上,增加人生阅历,丰富生命体验,不断觉察自省,就可能取得一定的成就。

丰富自己,胜过取悦他人。想要拥有一匹马,最好的办法不是去追逐,而是用追马的时间种草。来年绿草如茵时,自有一群骏马在草地上等着你挑选。

人生亦如此，想要进入高质量的人际圈，努力提升自己，胜过讨好他人。

向内走，摒弃精神内耗

世事烦恼，最容易疲于心。其实，每个人都需要给自己一段独处时间清理负面情绪和错误认知，放空自我，思考和审视人生。

向内走，才能摒弃精神内耗，从而获得蓬勃生长的心灵力量。心理学大师荣格说过，向外看的人，做着梦；向内看的人，醒着。能够推动一个人不断向前的，是来自内心深处的力量。

古语说，君子慎独。高质量的独处能力，有利于我们向内探寻，慢慢成长。给自己一点独处时光，才能给灵魂必要的生长空间。呼朋唤友，觥筹交错固然容易让人快乐，而独处也是人生另一种享受。

内心的丰盈，才是真正的自在

有位哲人说过：唯有内心富有充盈，方能从容抵抗世间所有的不安与躁动。

林语堂把"孤独"二字拆开,趣解了一番:有孩童,有瓜果,有小犬,有蚊蝇,足以撑起一个盛夏傍晚的巷子口,人情味十足。一个人,读书,散步,沉思,品茶,弹琴,浇花,遛狗,能不生动?

人生,就是一个不断发现自己、与自己交心、向内生长的过程。

向上的路，
从来都不好走

每个人吃的苦既不会凭空消失，也不会无故产生，它可能会从人生的一个阶段转移到另一个阶段，或者从一种表现形式转化成另一种形式。

一般说来，那些开始越是容易走的路，到后来大都只会越走越窄，越走越难。换句话说，你选择现在逃避它，很可能在未来付出更大代价应对它。

经历过苦难的磨炼，你终会发现，原来难走的，都是上坡路。

吃过的苦，绝不会是一场辜负

"不经一番寒彻骨，怎得梅花扑鼻香。""十年窗下无人问，一举成名天下知。"古代有多少出身贫寒的读书人期望十年寒窗苦读能够金榜题名，改变命运，实现抱负。又有多少人屡次落第，困居都城，沉沦科场。

韩愈有言："书山有路勤为径，学海无涯苦作舟。"

孟郊家境贫寒，仕途颇为坎坷。唐贞元七年（791年）孟郊第一次入京参加科举考试，不幸落第。接着，他又连续参加多次科考，都以失败告终，个中苦楚，难以言说。直到他46岁时，孟郊才高中进士，放榜的当天，他赋诗一首：

《登科后》

昔日龌龊不足夸，今朝放荡思无涯。

春风得意马蹄疾，一日看尽长安花。

科举成功让孟郊长期压抑的心情得到释放，此前的漫长岁月里，吃的苦都不足为道了。

风吹雨打才懂得生活，苦尽甘来方能懂人生。生活总是苦乐参半，唯有熬过艰难，才能将人生变得美好而辽阔。

没有人不努力就能把一切都做好

许多时候，我们总是不明白自己输在哪里。如果把人生比做一次登山之旅，你会发现，有人之所以能越爬越高，很重要的原因是他们能够对认定的目标一以贯之、接续奋斗，不会一碰到困难就退缩。

向上的路坎坷崎岖、艰难无比，但那种在汗水淋漓过后站在高处体会到的喜悦和自豪，是在山脚和半山腰的人永远无法得到的。

虚度光阴的"快乐"，像大风中的游云，是会飘走的"快乐"；充实努力的快乐，像把石头推上山，一路汗流浃背，疲惫不堪，却是实实在在的快乐。

希腊神话中，诸神惩罚西西弗斯把一块巨石推到山顶。西西弗斯每天把巨石向山顶推，但巨石太重，每每未到山顶就又滚下去，循此往复。在外人看来，这实在是太绝望的惩罚了。加缪却说："这块巨石上的每一个颗粒，这黑黝黝高山上的每一个矿砂，唯有对西西弗斯才形成一个世界。他爬上山顶所要进行的斗争本身，就足以使一个人心里感到充实。"

人在负重上升时难免苦累，咬牙前行的过程本身就是一个人真真切切成长的过程。等你真正努力过后，再忆起这段苦涩的经历时，那种名为"成就感"的甜，是从心灵深处涌出的源源不绝的甜。

走好选择的路,别选好走的路

从某种角度说,人生是一个不断"升级打怪"的过程,规避困难或许是人的本性,可就是这份与本性对抗的能力,才会区分一个人在走上坡路还是下坡路。

有一位作家曾说:"每个人的生命里,都有几口吃不下的隔夜冷饭,必须咽下去,而不是放在眼前发呆。"

向上的路,从来都不好走,却是能让我们欣赏更美的风景和收获更多满足的途径。毕竟,"所有的困难,都是为了淘汰掉懦夫"。

走好选择的路,别选好走的路,虽然辛苦,但你可能拥有充实、滚烫的一生。

人生尤其艰难的 4 件事，熬过便是成熟

人这一生，难做的事和该做的事，往往是同一件事。

熬过低谷，保持自律，化解掉愤怒的情绪，把健康保持到老……样样都难。

但正因为难，才值得做。

当你苦过、难过、经历过，你就收获了自己的铠甲，拥有保护自己和化解挫折的能力，心态变得越来越强大。

最难熬的时刻，是低谷

辛弃疾曾写道："叹人生，不如意事，十常八九。"人生，万事难

如意；生活，处处皆辛苦。每个人，可能都会走过一段难熬的日子。

处在低谷时，我们孤单、绝望，指望别人温暖你、指望别人帮助你，但大部分时候免不了失望。

其实，成熟的人最应该舍去的是对别人的指望，这是一种自我警醒。

季羡林在《悲喜自渡》里说：在人生的道路上，每一个人都是孤独的旅客。人间万千光景，苦乐喜忧、跌撞起伏，除了自渡，他人爱莫能助。

当你明白这个道理，心就会敞亮很多。

身处低谷时，与其总是奢望天降救星，不如学会自救。熬过去！靠独处消化烦忧，靠心态稳定状态，向阳生长，心中有光，就能更靠近美好。

最难做的事情，是自律

在《胡适留学日记》中有一句这样写道："胡适之啊胡适之！你怎么能如此堕落！"他本想通过记日记提醒自己读书，可接连三天，日记都写了"打牌"。

理想很丰满，现实很骨感。进取都是苦和累的，但能成大事的绝非懒人，就在那段时间，胡适读完《陶渊明诗》《谢康永诗》，研修拉丁文，开讲座、跟名家交流学术，一样没落。

作家斯科特·派克说过：人生是一连串的难题，解决人生问题的首要方案，乃是自律。高管、专家、名人……你羡慕的强者，大都坚持自律，获得自由的人生。

有这样一句话："生活的磨盘很重，你以为它要将你碾碎，其实它在教会你细腻，并帮你呈上生活的细节，避免你太过粗糙地度过这一生。"越苦越难就越要自律，将生活细细地磨，认真地修炼出逃离困顿的实力。

最难管的情绪，是愤怒

在人生这条单行道上，能力的高低并不是我们最大的敌人，情绪才是。

如果一个人不能控制自己的情绪，过分沉溺于愤怒、消沉、沮丧等负面情绪中，不该愤怒时愤怒，不该消沉时消沉，那么他可能连一个学习的机会都不能拥有，更别说前进并且走向成功。

情绪不稳定给人带来很多的负面影响，它影响婚姻质量、子女教育、身体健康、人际关系等方方面面。

情绪失控是场灾难，其中最难控的是那一腔怒火。"每个人都会发怒，这很简单。但向恰当的人，在恰当的时间，以恰当的动机、恰当的方法，表达恰当程度的愤怒，并不是每个人都能做到的事。"

有情绪就赶紧喊停，冷静一下，找个独处的空间，听听音乐，或是找朋友倾诉，不必把自己变成"定时炸弹"。主动调节情绪，别被怒气带着走，你才能稳稳地开启人生的上坡路。

最难留的财富，是健康

功利心太强的人大都忙于挣钱、娱乐、攒人脉，却很少为了健康打算。他们做着生命的赌徒，用健康去赌，赌赢了就获得"精彩"人生，如果输了呢？健康的事输不起，更何况这场赌局没人会赢，因为长年累月攒出的病痛很难祛除。

《幸存者回忆录》中这样说道："我们浪费自己的健康去赢得个人的财富，然后又浪费自己的财富去重建自身的健康。"无论想要什么，都别拿健康换，垂老时各类病痛找上身来，你就会明白最值得拥有的还是好身体，因为健康体魄是幸福人生的基石。

自弃者扶不起，
自强者打不倒

人生漫漫长路，总会存在一些灰暗的时光。表面上看，像是陷入了停滞，成功遥遥无期。事实上这种情形类似种子在扎根，时机一旦成熟定会破土而出，茁壮成长。

面对生活、面对压力，我们都有过焦虑和迷茫。在撑不下去打算放弃的时候，记得提醒自己：坚持一下，再坚持一下。

只要你的坚持比放弃多一次，梦想成真可能就不远了。

不放弃，才会变强大

每个人的成功或失败都不是从一开始就注定的，除了一些外部因素，内因更为重要。

这个世界上没有什么可以真正将你击倒，除非你自己放弃。请相信，只要你不放弃，那些打不倒你的，终将使你更强大。

破除思维里的墙

思维引领行动。思维不同，判断不同，结果自然不同。

没有人能够限制你成功，唯一限制你成功的人是你自己。

停止了思考，就等于围堵了认知的环境。困守住思维，就等于封闭了成长的渠道。

承认自己的无知，是自我认知升级的关键

一个人从自以为是，过渡到能够发现存在知识盲区，这需要自我认知方面的提升。而这种认知的提升可以通过不断反思来促成，因为我们一旦开始反思，其实就开启对自身的一种批判性思考模式。面对未来不确定的世界，适时承认自己的无知，让求知欲激发的谦卑心和好奇心，扩大你在这个世界的赢面。

人都会高估自己，同时低估别人

眼是一把尺，量人先量己。

很多时候，我们随便评判别人，却看不到自己的缺点。其实，人生在世，每个人都需要有一把"比较"的尺子。

孔子曰："见贤思齐焉，见不贤而内自省也"。与优秀的人比较，学习他们的长处；与平庸的人比较，反省自己的缺点。只有认清现实，才能做到既不低估别人，也不高估自己。

别人能做的事，你未必能做

世界上最难走的，但最应该走的路，就是走自己的路。

美国加州大学经济学家伊渥·韦奇曾说：即使你已有了主见，但如果有十个朋友看法和你相反，你就很难不动摇。这种现象被称为"韦奇定理"。

坚持己见，顶住周围人的压力，保持自己敏锐的洞察力，坚定地走下去，才能有效地破解韦奇定理。

做自己喜欢的事情，走自己的路，多取悦自己，生活才能美好起来。

人与人之间的差距，取决于底层能力

有句话说，时代的一粒灰，落在个人头上，就是一座山。一个突发事件，有时候也是一个分水岭，会令人产生很强的危机意识，进而开始积极"自救"和改变。

什么是底层能力？底层能力不是基础能力，而是一种对于事物的行为反射或思维方式，这种能力非常重要，却总被人忽视。

1. 维持不一致

什么叫作"一致"？

人在观念上更容易接受和自己想法"一致"的内容，也就是说，当人接受外界的信息时，我们会期望外界的信息跟我依据经验产生的预测框架是一致的。所以，我们会倾向于用旧的模式、旧的思维，去解读外界的信息。

当脑子里同时存在多个观念时，我们会期望：这些观念之间大体一致、彼此相容。这种对"一致性"的追求，是大脑的底层工作模式。

"一致性"的思维方式帮助我们建立一个稳定、持续的预测模型，从而更好地理解和处理外部事物。但是，我们所面对的这个世界非常鲜明的时代特征就是不确定性，很多看似不合理的问题往往都是事物内部和外部各种复杂因素互相作用的结果。因此，一个具备"维持不一致能力"的人能够接受事物的复杂性和多面性，不会尝试用一个简单的判断去下定义，更无须试图用固有的逻辑说服自己。

这个世界矛盾是普遍存在的，无须拼凑出一个和谐的假象，维护所谓的"一致性"。

2. 专业

专业能力是一个人成事的关键，大致包括以下几个方面。

①扎实的基本功。基本功是指从事某项工作必要的基本知识和技

能，也有人认为这是一种元能力，即提升能力的能力。

②体系化的专业知识。现代社会是一个讲究分工和专业化生产的社会。"吾生也有涯，而知也无涯"，我们必须聚焦在某一个领域，才有可能成为该领域的专家。这就需要我们构建自己的知识体系，如行业内有哪些基本的理论知识，有哪些基本的案例，每一类知识适合在什么情况下使用，都必须弄清楚。

③解决实际问题的能力。首先，善于发现问题并将其分门别类。其次，掌握并运用几种有效的思维工具分析问题，提出具有可操作性的解决方案。最后，狠抓落实，在实践中不断总结经验，形成工作闭环。

3. 主动

主动性是指人在工作当中不惜投入更多的精力，发现和创造新的机会，提前预测事情发展趋势，积极采取行动，提高工作绩效，避免问题的发生或创造新的机遇。

具有主动性的人，不会等着问题发生，而是会未雨绸缪，提前行动，规避风险，甚至创造出新的价值。

早年任正非认为微波用处不大，提出把微波这条产品线砍掉。但微波产品线总裁彭智平根据自己对市场的嗅觉，觉得未来这是一个好产品，就偷偷在他的人力预算中挤出几十人继续研发。两年以后，在非洲开拓市场时，华为发现埋光纤不现实，建基站成本太高，而微波是最低成本的通信工具。正在任正非万分后悔的时候，彭智平说："任总，没问题，我们的微波产品已经可以交货了。"这个故事体现的，就是具有主动性的人才未雨绸缪的能力。

4. 坚韧

"坚韧"是清醒的人，坚持自我的外在表现。

不管别人怎么赞扬也好，羞辱也罢，内心知道自己是谁；外界无论吹捧还是打压，都不会伤害到你，这才是真正"皮实"的状态。

作家蒙田说过，我们都比我们自己以为的更富有。但我们都忘记了我们身上的力量，所以我们总会去别处乞求。这种让我们富有的力量，就是我们的"底层能力"。

人生非常值得的5种"投资"

俗话说，种瓜得瓜，种豆得豆。世上最靠谱的投资，就是投资你自己。"没有人能够夺走你自己内在的东西，每个人都有自己尚未发挥的潜力。"在自己身上的投资，会让你永不掉价，持续增值。

用运动投资健康

柏拉图曾说，人生有三大财富，第三是财产，第二是美丽，第一是健康。

人的一辈子就像是一场马拉松，看似在拼能力、拼财力、拼资源，但实际上都是在拼健康。

钟南山说过，人最大的成功，就是健康地活着。如今已年过八旬的他，依旧每周坚持锻炼3次以上。这种高度自律的生活方式，让许多年轻人自愧不如。

"流水不腐，户枢不蠹。"意思是说，流动的水不会发臭，经常转动的门轴不易腐烂。人的身体也是如此。经常运动，身体才不会"生锈"，才能让自己更健康。

用运动投资健康，是一笔稳赚不赔的买卖。前半生在健康上投入的精力越多，人生下半场的幸福指数就会越高。

用自律投资形象

人们常说，想知道一个瓜的好坏苦甜，可以看它的形状和色泽；想知道一匹马的力气和大小，可以看它的神态和气息。人亦如此。正如罗素所说：一个人的外表，就是一个人价值的外观。它藏着你自律的生活，还藏着你正在追求的人生。

苗条匀称的身材，离不开健身房里挥汗如雨的运动；细腻平滑的皮肤，离不开十年如一日地保养维护；饱满的精神体态，则源自长期自律的生活方式。

人到中年以后，一个人的体态是由自己决定的。体态里藏着自律，举止里藏着心态，衣着里藏着对生活的态度。衣着得体，容止有仪，淡定而独立，是对他人的尊重，也是一种成熟的生活状态和人生态度。

用真心投资友谊

人与人的关系，存在着守恒定律。

网上有个提问："人与人之间的关系是怎么变淡的？"一条评论写道："一方只会索取，却从来不愿意付出。"

真心虽"免费"，但绝不廉价；人情也"免费"，但代价昂贵。

感情只有披肝沥胆、互利互惠、彼此信任，才能更稳更浓。爱情如此，友情亦然。

多花一点心思和时间给爱人和朋友，我们会收获人与人之间最宝贵的真诚和温暖，也会收获最难得的守望相助。

用学习投资能力

富兰克林说过："倾囊求知，无人能夺。投资知识，得益最多。"

快速发展的社会中，没有稳定的工作，只有稳定的能力。曾经我们以为可以端一辈子的铁饭碗，正在变得"易碎"。

时代风云际会，机会与挑战"并存"，这对沉浸在舒适区的人来说是风险，可对不断精进的强者来说遍地都是机遇。

唯有不断学习，不断投资自己，才能在这大江奔腾的时代中，稳扎稳打，逐浪前行。

用善良投资人品

善意就像空气一样是会流通的，你善意地对待别人，自然也会有正向的能量还给你。

有一个农夫，每年种下的玉米，都能获得极好的收成。邻居常常向他请教，农夫丝毫不吝啬地将自己的优良种子分享出去，还免费为大家提供技术指导。有人问他，为什么这么大方，他说："我对别人好，其实也是为自己好。若邻居家种的是劣质的种子，在传播授粉的过程中，也会影响到我家的玉米质量。"

你帮助别人时的善良，也在悄悄地惠及自己。

你投以善意，就会收获善意；你相信善良，就会看见善良。

对待人生正确的态度：
具有使命感

有个《三个石匠》的故事。一个人遇见三个石匠，他们正在做同样的工作。这个人故意问：你们在做什么。第一个石匠说："我在凿石头"；第二个石匠说："我正在砌一堵墙"；第三个石匠说："我正在建一座大教堂。"

这个故事常用来说明人的格局和境界：第一种人只能看到眼前具体的事；第二种人只有阶段性的、中长期的目标；第三种人是把自己的工作和人生价值联系在一起。

这些不同的背后，都是因为"使命感"不同。

做人不拧巴

我们身边活得最累的那个人，一定是性格最拧巴的。所谓拧巴，简言之就是别扭，一言一行都让自己和他人不舒服。一个性格拧巴的人，不光经常和自己过不去，还喜欢和别人过不去。

有人认为，拧巴是一种病态，拧巴的性格伴随着自我矛盾和自我冲突。带着拧巴的性格生活，人生之路自然会障碍重重。

自己的人格世界比较强大，生活才能不被他人和外界影响，告别拧巴的性格，人生会变得更加从容淡定。

做事不焦虑

《庄子·渔父》篇中记载一个"畏影恶迹"的寓言故事。有个胆子很小的人深夜走在路上，误把自己的影子和脚印当作妖怪，心中恐惧万分。他想要逃离这些"妖怪"，就奔跑起来。他跑得越快，影子也追得越紧。这个人更害怕了，拼命地往前跑，最终筋疲力尽而死。

面对事情太过焦虑，甚至恐惧，只会让自己身心疲惫。面向未来，与其心怀忐忑、提心吊胆，不如化焦虑为能力、步步为营，在时代的潮起潮落中把稳人生之舵。

把一件事做到极致

茨威格的《人类群星闪耀时》中有这样一句话:一个人最大的幸福莫过于在人生的中途、富有创造力的壮年,发现此生的使命。

使命是本自具足,每个人都有。把一件事做到极致,人生意义就会超越具体的这件事,超越你原有的思想维度。

哪怕你从事的工作很不起眼,只要你能做到极致,成为那个领域里的"王者",这份工作取得的成绩就是你带给这个世界最好的礼物。

解决问题十分高明的方法

生活中,有些人在遇到问题的时候,最常用的应对方式是"忍着"。生病,忍着;不方便,忍着;被欺负了,忍着。

忍着,是逃避现实的一种表现。这样的人,既缺乏解决问题的能力,也没有解决问题的决心。相反,强者深具洞察力,紧盯时机,善于用下面几种高明的方法解决问题。

务实

一个人在万里高空的飞机上,是看不到自家大门的。有宏大的志向固然好,但首先要脚踏实地做好眼前的事。

石头把路人绊倒了，那么路人的当务之急是搬开石头，还是立下志愿把整条路修好呢？肯定是前者。立志要修好整条路固然好，但首先要将精力放在行之有效的事情上。

有远大的理想自然很好，倘若只有高远的理想却没有务实的目标，再远大的理想也只能是你刷刷成就感的借口。

好高骛远不是解决问题的态度，而是缺乏格局的表现。真正要解决问题，首要的是活在当下，接受现实。

务实，就是把眼光投放到眼下的事物上，把心思用在当下的事情上。

思考

无论是面对当下的困境，还是解决人生道路上的难题，进行深度思考显然非常必要。如何进行深度思考？关键在于稳定情绪。我们只能在水面平静的时候才看得清水中的倒影，只能在心绪无纷扰的时候才看得清问题的本质。

进行深入思考重在跳出"框架"。在工作中，为完成一项任务，领导给你一个现成的方案模板，再给你客户需求，普通人思考的方式可能是：我要找什么样的内容来填充这个模板？但聪明人可能会想，这个模板为什么要这样设置？它的结构是否合理？它是否是最符合这个需求的模式？这里面能否有什么可以优化的空间？

思考要有持续性和开放性。对于复杂问题，我们需要在思考中不断输入各种信息，包括自己查阅的资料和与别人讨论的内容，然后再思考、再输入，直到最后洞察本质。

专注

专注地做一件事，胜过敷衍地做很多事。真正的智者，都是专注于把一件事做到极致的人。

很多人缺乏的不是勇气和机会，而是持久的专注力。一个人把时间和精力花费在哪里，成就就会在哪里。

在现实生活中，不管是哪个领域的强者，哪个行业的专家，大都是非常专注的人，十年如一日地深耕专业领域，进而成为这个领域的大师。

聪明的人在面对问题时，心里在分析问题，手上在解决问题。当问题一时难以解决时，他们愿意付出百倍千倍的努力去攻克难题，提高自我。如斯强者，何愁不能在人生道路上取得成功呢？

换位

站在自己的立场，看到的只是事物的某些方面；站在自己的角度，往往无法运用综合手段解决问题和矛盾。

婚姻里，丈夫希望妻子温柔贤惠，妻子希望丈夫有责任心；职场里，员工希望老板别空谈理想，老板希望员工奋发努力；出租车上，乘客埋怨司机开得太慢，司机吐槽路上太堵。谁都没错，只是位置不同。

人若总想着改变别人，不懂得反思自己，只会加剧彼此矛盾。

懂得换位，凡事从自己身上找原因，是解决问题高明的方法。换位思考，也是自我反思的过程，既是考虑他人，也是解脱自己。

5个"强者法则"：
一切都是自己的选择

有人曾说："每一个内心强大的人，都曾咬着牙度过一段没人帮忙、没人支持、没人嘘寒问暖的日子。过去了，这就是你的成人礼；过不去，求饶了，这就是你的无底洞。"

人生如海，潮起潮落，很多人不是败给命运或他人，而是自己。而那些越活越强大的人，背后几乎都藏着五个人生法则。

1. 罗伯特法则

史学家卡维特·罗伯特曾提出这样一条定律：人生可以没有很多东西，却唯独不能没有希望。没有人因倒下而失败，除非他们一直倒下或消极。

丰子恺说过：人间的事，只要生机不灭，即使重遭天灾人祸，暂被阻抑，终有抬头的日子。

越成长就会越加明白：命运面前，莫论公道，因为痛苦和磨难，注定会是人生的一部分。如果谁祈求一生没有任何风暴，注定不会拥有一片海洋，而是终其一生活在一潭死水之中。

而面对风暴的来临，选择沉沦还是奋起，也永远取决于自己。木心曾在书中写道："所谓万丈深渊，下去，也是前程万里。"

真正的强者，在身处低谷时，能够保持淡然，内心充满希望，因为他们明白谷底才是新世界的开始。所以，面对苦难，他们选择不动声色，积蓄力量，暗夜突围。

2. 南风效应

法国作家拉·封丹写过一则寓言。北风和南风比试威力，看谁能把路上行人身上的大衣脱掉。北风率先发力，狂风大作，寒风凛冽，结果不但没有将路上行人的大衣吹掉，行人为了御寒反而把大衣裹得更紧。南风徐徐吹动，顿时风和日丽，路上的行人越来越热，最后纷纷将身上的大衣脱掉。结果显而易见,温和的南风赢了。

后来,这则寓意深刻的小故事成了心理学中的一个概念,被称为"南风效应",也叫"南风法则"。

在处理问题时,一定要注意方式方法。这是"南风效应"最明显的一点启示。同样的目标,采取的方法不同,策略不同,结果往往会有云泥之别。例如,很多时候,好好说话、平心静气地沟通,远比大吵大闹、面红耳赤地争吵更有效果。实际上,在人生的道路上,很多人不可谓不努力,但是他们努力的方式和方向未必是对的。方式方法一旦出错,那么再怎么辛苦付出,效果也是不好的,这就是当下很多人忙而无果的原因。

真正的聪明人,从不蛮干,而是先看清方向、找准方式,明白自己的目标是什么,自己需要完成的重点是什么。然后,按照制订好的计划扑下身子,实干苦干。

3. 绿灯效应

所谓"绿灯效应",其实就是持一种开放的态度,面对和接纳所遇到的人和事。

比如说，当别人提到一个新兴行业时，虽然你并不了解，但能将对方说的话听进去，而不是急于否定和排斥。对新兴事物排斥，只认可自己相信和接触过的，无法接纳不同和多元的事物，这就是与绿灯思维相反的思维：红灯思维。

红灯思维所带来的弊端，并不难想象。这是一种格局上的狭隘，眼界上的短浅，很多人败就败在这方面，特别是在今天，这样的故步自封无异于慢性自杀。

"绿灯效应"背后深层次的东西，其实是不断地学习和接纳，永远保持求知欲和好奇心。一个人能做到如此，往往就不会错失时代所赋予的红利，就不会陷入越忙越糟糕的怪圈。

格局决定结局。真正的强者，能低头拉车，也能抬头看路，环顾四周，耳听八方，如此才能走得更顺畅一些，更省力一些。

4. 蓝斯登法则

美国管理学家蓝斯登曾提出一个"蓝斯登法则"：当你往上爬的时候，一定要保持梯子的整洁，否则你下来时可能会滑倒。

相比低谷与磨难，我们更应对前行路上的高峰与顺境保持清醒的头脑。

无论身处何种境遇、地位，经得起逆境黑暗，守得住顺境繁华，低调前行，进退有度，才能够荣辱不惊。

人生在世，不要嘲笑任何人的命运，因为我们永远不知道自己的命运会走向何方，福祸常常都在旦夕之间，所以要谨慎惜福。

真正的智者，在逆境中铮铮若铁，坚守执着，绝地反击；在顺境中谦谦如玉，收敛锋芒，虚怀若谷。

人不畏其低，故能孚众为王。潜心修得一颗安定的内心，才能应人生之万变。

5. 飞轮效应

生活中，如果想让一个静止的飞轮转动起来，开始时你必须使出很大的力气，一圈一圈地推，每转一圈都很费力。但是，这每一圈的努力并不是毫无用处，因为飞轮会转动得越来越快，到最后不再需要你推也能快速地旋转，这就是"飞轮效应"。

实际上，"飞轮效应"普遍存在于我们的生活中，很多事都在遵循这样的运行规律。

比如说，你进入一个全新的领域，或者说进了一家新的公司，大概率会有一段因磨合而感到吃力的日子。

正所谓万事开头难，说的就是这个意思。但如果你能坚持下去，想方设法渡过难关，一旦进入状态，走上了快车道，那么你的事业会越来越顺。

时间不会辜负努力，梦想不会辜负坚持，这就是"飞轮效应"的力量。

《哲思·成长卷》

越是艰难处,越是修心时

人在低谷时，
越活越有价值的几种能力

低谷，是人生众多考验中的一个。熬不过，是深渊；熬过了，便是蜕变。那些走出低谷的人，大都有这几种能力。

管理情绪的能力：不崩溃

人在低谷时，即使是生活里的一点小风波，也会让人烦不胜烦。

日趋激烈的竞争、日渐衰老的父母、需要照料的孩子……现实的压力，逐分逐寸挤压中年人承受空间。

坏情绪的破坏力是非常大的，一时情绪涌上心头很容易肆意发泄，伤人伤己。当一个人被不良情绪控制时，所做的决定很有可能是错误的。

所以，有时候想要走出低谷，靠的不是贵人扶持，不是情绪爆发，而是稳定持久的心理韧性。

遇事别着急，暂停一切并深呼吸，保持 12 秒；尝试通过跑步、打球、读书等，转移注意力。事后复盘，提升自己制怒的能力……及时从崩溃的情绪中抽离，与坏情绪和解，才能静心思考，从容做事。

持续学习的能力：不被淘汰

叶圣陶说过：一辈子坚持自学的人也就是一辈子自强不息的人。

学习，才能与时代同频。在充满不确定性的时代里，首先被社会淘汰的永远是三类人：不能拼搏的人、不能进步的人、不能学习的人。

努力学习不是为了感动谁，也不是要做给哪个人看，而是要让自己随时有能力跳出自己厌恶的社交圈，拥有选择的权利，用自己喜欢的方式过一生。

两个提升学习力的方法：

一是刻意练习，不断输入。给自己定个闹钟，先从读 15 分钟书开始。你读过的每一本书，都是你向上的台阶。持续输入得越多，成长就越快。

二是学会提问，善于思考。好学者，不耻下问；同时对输入的知识保持敏感，别陷入局部，从全局和系统的角度去思考，透彻理解现象背后的本质。

"学如逆水行舟，不进则退。"终身学习，才能保持核心竞争力。有人说，低谷不可怕，决定你人生高度的是永无止息的学习力。

反脆弱能力：能扛事

疾风知劲草，板荡识诚臣。所以，一个人能不能扛事，往往要看他在人生低谷时候的表现。

在家庭中，在单位里，能扛事的人从来不逃避，他们碰到任何事情都会当作机遇，稳稳当当把各种难题处理好。而遇事就退缩的人，不过是把每一件事情都看作一份不得不做的工作。眼界孰高孰低，一看便知。

能扛事的人，面对困境，能保持冷静、就事论事，不因为别人的批评而否定自己，不因为一次挫折就放弃努力。他们就像"小沙粒"一样，无论怎么被碾压都不变形。

善于反思的能力：知变通

有一定的"反省功夫"的人，大概率是一个了不起的人，因为这个世界上，任何人都无法改变你，除了你自己。

孔子曰："君子求诸己，小人求诸人。"学会从自身找原因，既然改变不了别人，那就改变自己。

水随形而方圆，人随势而变通。敢于改变，善于和解，人生才能收获别样的风景。

有时，人不是被外界环境限制住的，而是被自己头脑里的思维框住的。思维里没有限制，人生才可能不被阻挡。

墙，推倒就是门；心，敞开就是路。面对生活的苦难，不必怨天尤人，不必灰心丧气。从内心去接纳，去承担；用头脑去思考，去改变。

越是艰难处，越是修心时

有人说："人生不过是一场自我救赎。"

我们每个人的一生，总会遇到形形色色的人和事，而大部分的经历都如人饮水，冷暖自知。想要从烦恼中解脱，我们就需要学会不断修心。

常怀敬畏之心

常言道，心存敬畏，行有所止。我们敬畏天地，敬畏生命，敬畏自然和规律，敬畏法制和道德，敬畏一切需要敬畏的东西。

一个人若心中没有敬畏，没有准则和底线，往往既容易伤害到别人,也可能伤害到自己。

以一颗敬畏之心面对我们所生活和栖身的世界,守住底线,在商言信、在职言公、在群言理、在情言忠。

生命,因敬畏更有情怀,因敬畏更加美好。

人,因敬畏更能活出本性真我,因敬畏更能活出姿态和风范。

常怀善良之心

有这样一个寓言故事。一位盲人夜行,手里提着一盏灯,路人就问他:"您既然看不见,为什么还要点灯呢?岂不是白费蜡吗?"盲人说:"这灯我是给别人点的,别人看见路就安全了,也不会因为看不见而撞倒我。"

与人方便,与己方便;赠人玫瑰,手留余香。因为你对别人的善意,最后成全的都是你自己。

善良,是黑暗中闪耀的光芒。

常怀宽容之心

有位处世高人说：让一步为高，退步即进步的预演；待人宽一分是福，利人实为利己的开端。

越是睿智的人胸怀越宽广，因为他们洞明世事、练达人情。想得开、放得下、看得深，明白宽容别人，其实是善待自己。

人生路上，宽容是一种无坚不摧的力量，它能驱散心中的阴霾，让生活充满阳光；也能抵抗内心的冰冷，在冰雪寒天的日子里倍感温暖。

宽容既不是懦弱，也不是忍让。胸怀宽广的人不会嫉人之才，鄙人之能，讽人之缺，责人之误；而会察人之难，补人之短，扬人之长，谅人之过。

常怀干净之心

杨绛的一生与世无争，这源于其心灵的干净。名利对她来说是逆流，只有读书、写作才是顺应天性。就算是出了新书，她也不喜欢宣传，只是淡淡地说："我只是一滴清水，不是肥皂水，不能吹泡泡。"

心灵不够纯净的人，一生都在追逐泡泡，最终膨胀到一定程度，砰的一声，一生努力付之东流。

活得干净，不仅是修饰皮囊的表面功夫，更是修炼内心的至简大道。

真正的干净是如莲般"出淤泥而不染"，是在困顿流离中仍然保持尊严，是在苟且生活中辟出一方想象，是在看尽千帆后仍然回归本色。

成为强者必经的 3 个阶段

有位哲人说:人生以境界定输赢。这里的"境界"是指做事情前,只有提升自身修养与能力,才能有所作为。

及时止损、断舍离、逼自己一把,是多数强者必经的三个阶段,掌握它们,我们也就破解了获得成功的秘密。

及时止损

面对事情的态度,往往会影响你的人生走向。一些小事,越是纠结,输得越多。真正聪明的人,都懂得及时止损。

经济学上有个概念叫"机会成本",就是说人们常常由于纠结于一些小事情，而失去做其他更有意义事情的可能性。

生活中这样的例子有很多：有的人会因为早上丢了 100 元钱，念念不忘，难过好几天，严重影响到自己的工作状态；有的人会因为晚上少看了一场球赛，导致第二天整天都在脑中猜测比赛过程，根本不知道讲台上的老师在说什么；有的人会因为错过一个电话，和朋友出去玩时，心里一直惦记着这件事，无法专心享受美好时光。

错误的坚持，得到的一定是错误的结果，及时止损才是智者的选择。

人生总要经历一些挫折才发现走错了路，看错了人。"不要为已经打翻的牛奶流泪。"断掉无谓的纠缠，才能有更好的开始。

断舍离

断舍离，从深层来看，是一种活在当下的人生观。

人越年长，越容易背负重重的"无用包袱"，但即使沉重，有人还是不愿意扔掉它。殊不知，不舍得丢掉无用的东西，只会让自己的人生增添更多麻烦和烦恼。

学会断舍离，才能回归简单。

很喜欢诗人泰戈尔说过的一句话："有一个夜晚，我烧毁了所有记忆，从此我的梦就透明了；有一个早晨，我扔掉了所有的昨天，从此我的脚步就轻盈了。"

如果想要得到很多，而不懂得割舍，不舍得放手，那么心就会负累越多，生活就会越凌乱。唯有定时清理人生的行囊，看看什么该扔，什么该留，什么该添，才能规划好自己的人生。

懂得适时整理自己的内心，舍掉无用的东西，放弃过多的欲望，才能真正享受美好的人生。

逼自己一把

本事都是逼出来的，不逼自己一把，你永远不知道自己有多优秀。

一位教授到访北大时曾提道："对学生的基本要求是，做困难的事。因为一个人要想有所成就，就必须做那些困难的事。"

改变将就的生活，就要主动逼自己跳出舒适区，去做那些让自己感到"痛苦"的事。

有一个"苦难—守恒"定律：苦难是人生的基本特征，每个人一辈子吃苦的总量是恒定的，它既不会凭空消失，也不会无故产生，只会从一个阶段转移到另一个阶段，或者从一种形式转化成另外一种形式。你如果选择现在逃避它，那么未来也许会付出更大代价去对付它。

成年人的世界，没有岁月静好。今天你不逼自己，明天生活就可能会来逼你。

海明威曾说："优于别人，并不高贵，真正的高贵应该是优于过去的自己。"每经历一次痛苦，就是完成一次蜕变，遇见一个更好的自己。

人生的 3 把钥匙：
自信、自省、自律

自信有节、自省有度、自律有为，这三把钥匙助你打开幸福人生的大门。

自信，是超级魅力

自信是建立在正确的自我认知基础上的，是实力、底气和良好心态的一种外在表现。有人说，自信的人可以化渺小为伟大，化平庸为神奇。

也有人说，自信的人往往拥有充盈的内心，即使身处沼泽泥潭，依然不忘初心，无畏前行。

国足前主帅米卢说过，态度决定一切。除了对人对事的态度以外，更重要的一点，是对自己的态度。换言之，是你对自己的肯定程度。

有的人不相信自己，也不敢接受任何改变或挑战，害怕会输会失败。然而，一味自我否定，即便求得一时安稳，也会失去成长的机遇。

而那些善于肯定自我并努力付诸行动的人，从一开始就成功了一半，因为只有敢于迈出第一步，才有后面的无限可能。

真正自信的人，并不是不懂得考量现实利弊，而是他们在面对困难时能够摆正心态，既不居高临下也不妄自菲薄。他们在人生的起承转合中，神态自信、步伐坚定地跋山涉水，一路向前。

善自省者，多为强者

如果成功有捷径，那一定是懂得自省，时刻反思，及时修正。

曾国藩说过："盖无故而怨天，则天必不许；无故而尤人，则人必不服"。只知道怨天尤人的人，除了得到一肚子怨气，什么也得不到。

弱者推责，强者自省。自省就像自我解剖，需要极大的勇气和魄力。敢于从自己身上下刀，找出自己的缺陷和不足，逐一改正。

当一个人懂得自省，他就会明白：多一些扪心自问，就会少一些推诿和纷争；多一些观心自省，就会少一些抱怨和指责。

常思己过，常得进步。只有常常观心自照，才能确保不偏离人生坐标。

自律，是修行

有的人时常羡慕朋友圈里那些自律的人，也希望能养成自律的习惯，可往往一只脚还没踏实，另一只脚已经在打退堂鼓。

一旦你放弃了最难走的那条路，也就意味着放弃了梦想。当逃跑成了习惯，再想跳出泥潭，千难万难。在自律这条路上，不畏一丈难至，只怕寸步未移，找准方法走出去，比放弃强一万倍。

自律，是一种修身。当一个人身体素质得到增强，精神状态也随之转好，工作更专注、思维更活跃、做事情更有激情。

自律，是一种修心。人什么时候最焦虑？是发现自己的行动慢于时代的发展时，发现自己的能力匹配不上自己的抱负时，发现自己永远徘徊在渴望的生活之外时。

当你的生活自律起来，一切有条不紊地进行，内心的迷茫不安就会悄然散去。

自律，更是一种修行。很多人疲惫于两点一线的工作，疲于应付各种各样的人情世故，被逼迫着长大，被倒推着前行，生活一地鸡毛，人生一事无成。但把自律慢慢融入骨子里的人，总能寻找到生命的真正意义。当日子顺起来，心态平和起来，人生就会循着发光发亮的痕迹开始闪耀起来。

熬过人生的低处，方能抵达生命的高处

人生不可能永远顺风顺水，总会经历崎岖与坎坷。委身低处，并非注定前途暗淡，而是要熬得过困境，稳得住情绪，撑得起志向。

一个人修养好不好，会在人生低处见分晓。

谦虚低调，尽显人生的气度

成熟的人就像一棵参天大树，越是向往高处的阳光，根越要扎向深邃的地底。

身处低位时，藏锋是一种远见，守拙是一种智慧。真正成熟、有本事的人，懂得谨言慎行，放低姿态，才高不自诩，位高不自傲，不

显山不露水。

立身要高一步,处世须退一步。地低则成海:海纳百川,能融万物。人低品自高:不论身居何位,懂得低头的人,才能有更高的处世格局。

沉稳蓄力,尽显做人的深度

身处低谷,除了不断提升自己,还需要静待时机。

纵观浩瀚的历史:盖文王拘而演《周易》;仲尼厄而作《春秋》;屈原放逐,乃赋《离骚》;左丘失明,厥有《国语》;孙子膑脚,《兵法》修列;不韦迁蜀,世传《吕览》;韩非囚秦,《说难》《孤愤》;《诗》三百篇,大底圣贤发愤之所为作也。

这些文人志士虽深处困境,却懂得将低处作为灵魂的再生地,以处变不惊的心态去面对,最终磨砺出生命应有的锋芒和光彩,赢得另一番广阔天地。

人在低处时,熬得住,出众;熬不住,出局。一个人再有能力,即便在最难熬的时候,也要沉得住气,将诸多失意藏于忍耐之中,专注于提升自己,蓄势待发。

正如《鬼谷子》中所说:"遇横逆之来而不怒,遇变故之起而不惊,当非常之谤而不辨。"面对逆境，一定要怀揣一颗进取之心，奋发图强，才有望扭转时局、蓄力高飞，迎来灿烂的黎明。

温柔善良，尽显生命的温度

身处顺境时的言行举止，是个人修养的外在的表现；而身处逆境时的一举一动，才是一个人心理韧性的真实写照。

如果因为一时的失意而迁怒他人，只能暴露出自己的狭隘。得意时，礼貌周到是本分；失意时，泰然处之是修为。

《平凡的世界》里有一句话："即使没有月亮，心中也是一片皎洁。"有的人即使身处黑暗的境地，心中依然坚守那道亮光。或许正是体会到生活的不易，那些身陷泥潭的人更愿意点亮一盏灯，用善良的心去对待这个世界，对待身边每一个人。

熬过人生的低处，抵达生命的高处

人生低处，既是成功的起点，也是修行的契机。

身在低处，要有恪守为人的宽容和谦卑，要有迈向成功的决心与信念,更要有看尽得失后的豁达和坦然。

当你品过世间百态,走过低处泥泞之途,方能览尽高处旖旎之景。

真正的强大，从放下这5样东西开始

俗话说,"有舍才有得"。固守执念,无异于在内心画地为牢,把自己困成囚徒。想让内心变得更强大,必须放下以下五样东西。

放下面子

要面子是人的本性,没有什么不妥。但是,有的人为了更有面子而放下道义,有的人为了死要面子而丢了身份。

在很多人眼里,要面子成了头等大事。这些人怕碰壁,而不去找工作;怕被人看不起,而吹嘘自己的能力;怕被人嘲笑,而不敢请教别人。

刘备为求贤人辅佐，三顾茅庐而得诸葛亮。越王勾践为复仇，不惜卧薪尝胆。

不要让面子成为负累。当你懂得放下面子、充实里子时，你的体面人生也就渐渐拉开序幕。

放下迁怒

君子求诸己，小人求诸人。经常自我反省的人，日常所作所为都成了修身戒恶的良药；经常怨天尤人者，只要遭遇挫折，就会把矛头指向别人。

王安石在《礼乐论》中说："不迁怒者，求诸己"。一味地发泄，迁怒无辜，只会伤人害己，不仅败人品，而且失去好运气。

学会妥善地疏导怒气，不去一味责备别人；只有深刻剖析自己，才能拥有自我超越的勇气。

放下无谓的情绪，才会让心中的美好浮现，才有可能不在关键事情上失控，更好地驾驭自己的人生。

放下狭隘

欲有容天下之气魄,则必先有容人之度量。有大格局之人,有着大海一般宽广的气量,不会因与他人小摩擦而睚眦必报,更不会因生活琐事而斤斤计较。在他们眼中,适当地退一步,让一分,不是怂,更不是懦弱,而是大度与涵养、智慧与远见。

让一分利,可以赢一份情。为朋友让利,并非愚蠢,而是因为情谊深厚,设身处地为对方着想。

能让、会容,这样的人在人生路上既是智者,又是赢家。

放下懒惰

古今之庸人,皆以一"惰"字致败。

有的人天生好逸恶劳,喜欢待在舒适区里"吃老本"。于是,在没有压力的情况下,他们就会变得十分懒散,做事拖拖拉拉,得过且过,成为平庸之辈。

这世间,越有利于成长的事情,做起来越不舒服。每天逼着自己去做一点不愿意做但有益的事情,人的潜力会得到激发,心性得以磨砺。

曾国藩曾说:"极耐得苦,故能艰难驰驱,为一代之伟人。"

一个人想要获得成长,就必须走出舒适区,戒掉天生的惰性,坚持做具有挑战性的事情,能获得意想不到的修为和成功。

放下消极

很多时候,每个人看自己的生活总是有很多的不如意,但仔细审视会发现是自己的消极思想在消耗自己。

消极其实是一种放弃。这也不可能,那也不可能,对成功和希望预先否定,也就给自己放弃努力的理由。消极是一个陷阱,容易让人在一种不如意的境况中自我设限,不求改善。消极的负面意义是:限制一个人的潜能,同时就是限制了进步、打开新局面的可能。

消极无异于人生的阴霾,需要从内心抛弃。如果你想成为一个成功的人,让积极打败消极,为最好的自己加油吧!

人活到极致，
就是在别人看不到的地方节制

每个人心中都有一只老虎，就是欲望，具有良好德行的人，能够把它看守住，不任其跑出来作乱。

不要以为在别人看不到的地方可以放纵自己，不要以为可以依仗"小聪明"而放松意志。

君子，就是在别人看不到的地方恪守底线

尼采在《善恶的彼岸》中提出"品德检验法"：在任何人都看不见的地方，正直地活着；就算只有自己一个人的时候，也讲究礼仪地行动；就算对自己也不说一丁点谎话。

只有真正做到这些，人才真正成为一个高尚的存在，无愧于天地，无愧于他人，更重要的是无愧于内心。

在一次斯诺克比赛中，球手丁俊晖准备开球，运杆几次后他突然起身走向自己的座位。裁判不知发生了什么，丁俊晖扭头向他表示："Foul（我犯规了）！"看过电视回放，大家发现他在运杆过程中，杆头轻微触碰到了白球。从裁判表情可以看出，他完全没有发现丁俊晖犯规，而场下的对手布雷切尔更没有察觉。赛后，国际台联的官方推特将这条视频置顶，配上的文字是："我们酷爱我们的运动，丁俊晖的诚实是最好的证明。"

越是无人约束，越要自我约束

多数人都有一种本性：环境越私密，表现得越真实；犯错的成本越低，越容易出错。

因为独处时，没有别人看着你，没有道德法庭审判你，你做的一切事情只有你自己知道。这个时候，一个人本来的面目就显现出来。

有这样一个故事。德国夜晚的十字路口，一位老太太静静地等待绿灯，而此时根本就没有车经过。旁边的人不解地问："既然路上没有车,也没人看见,为什么还要死等变灯呢?"老太太指着远处的一幢楼房说:"这不是安全的问题,你有没有想过,在那幢楼的一扇窗户后面,说不定有一个孩子正看着这里。我不能让孩子觉得规则可以随意被变通、被破坏,生命可以随意被蔑视。"

自由的前提就是约束。而真正的修养,就是在无人注意、无人约束的时候,依然自己约束自己,遵守社会规则和内心道德原则。

最高级的修行,是"慎独"

慎独,是一种君子的人格。慎独之时,人面对的是自己,是与自己的内心坦诚相见。能做到慎独的人,是战胜了自己真正活成人的人。

白居易卸任杭州刺史后,仅带走两小块在山上捡拾的天竺山石,以资纪念。

一天在摆弄石块时,他突然感到自己竟然做了一件玷污名声的事:山石虽然不值钱,但取之好比贪污千金,变得"不清白"了。

他后悔万分地写下一首自责诗:"三年为刺史,饮冰复食檗。唯向天竺山,取得两片石。此抵有千金,无乃伤清白。"

人无德不立。立德为先，修身为本，这是人成长的基本准则，高尚的个人品德修养，足以让一个人终身受益。

成大事者，
必有大能量

有观点认为，人的一生是一个耗能过程，如不人为加以控制，个人的能量场只会减弱而不会增强。

《逍遥游》中说：适莽苍者，三餐而反，腹犹果然；适百里者，宿舂粮；适千里者，三月聚粮。如果你要去郊区的话，准备三餐就可以往返，回来的时候肚子还饱饱的；如果你要走一百里地呢，就要用一晚上的时间准备足够的干粮；如果你要去千里之外的话，要提前准备三个月的干粮。

根据路途远近，你要准备适当的粮食；同样，你的心踏上征程前，也需要准备足够精神食粮。

发掘自身潜力并发挥到极致

每个人都有擅长的事情，善于挖掘潜力、激发动力、释放活力的人，个人事业才可能成功。

有名少年想学戏，师傅见他眼神呆滞，毫无灵气，一开始不肯收。后来，碍着介绍人的面子勉强收下少年为徒，一曲开蒙戏的前两句师傅教了十几遍，少年依然走调。师傅说："你不是学戏的料。"少年不服，他喂鸽子练看天，眼神随着鸽子飞舞；他养金鱼俯视水底，眼神随着翩翩的鱼儿游走。

日复一日，年复一年。上了戏台，他时而是顾盼生姿的杨贵妃，时而是英姿飒爽的穆桂英，时而是含情脉脉的白娘子。这双眼睛的主人，就是京剧大师梅兰芳。

不管起点如何，只要不自怨自艾，而是多一点努力，敢于尝试，你就一定会比现在要好，而且是好很多。

敢于直面负能量

负面情绪就像是不期而遇的魔鬼，来搅乱我们平静的生活。如果善于妥善处理，负能量其实并没有那么可怕。

"人生在世不称意，明朝散发弄扁舟""行路难，行路难，多歧路，今安在""抽刀断水水更流，举杯消愁愁更愁""大道如青天，我独不得出"……高兴时欲上青天揽明月，难过时举杯消愁愁更愁。愁也愁得痛快，悲也悲得洒脱，物来则应，过去不留，诗人的心永远如同明月般光辉灿烂，不染一丝尘垢。

当出现焦虑、抑郁等负面情绪时，可以进行自我调节或向他人求助，也可以转移注意力到一些自己喜欢的事情上。

真正的勇士，是认清了生活的种种不完美，仍然热爱生活，依旧抱有改变世界的勇气。只有那些懂得自我调整，拥有强大内驱力的人，才能真正掌控人生的罗盘。

靠近拥有正能量的人

人是社会关系的总和，无论主观上是否愿意，人们难免受到人际关系和周围环境的影响，选择与什么样的人为伍，人生也许会因此变得不同。

有人认为，人与人之间有着能量的磁场，和正能量的人交往，能被他积极向上的精神状态感染,整个人也会变得阳光,对生活充满信心。

选择与正能量的人一起为心灵播下美好的种子,向阳而生,快乐成长。

人生，
能炼气方成器

气场，是一个人自内而外散发出的精神力量，是一个人历经岁月洗礼、内心修炼的结果。

人生如旅，需要不断修炼自己的气场：脾气不常发、傲气不可有、骨气不能丢、大气不可失、和气不能忘。

控制脾气

发脾气是人的本能，而克制脾气考验人的自我把控能力。

很多时候，有些事情看似难以解决，其实根结不在于事情本身，而在于我们的情绪。

情绪失控容易使人失去理智，难以看清问题的本质。要知道：好脾气，是人生的助力；坏脾气，是人生的阻力。

面对纷扰的世界，我们需要养心静气，不困于情、不乱于心，目光坚定、步履从容。

不因赞扬而得意忘形，不因诋毁而方寸大乱。只有保留三分冷静七分理智，才不会被现实裹挟，才能掌控自己的人生。

收敛傲气

《三国演义》中有个故事。

西川刘璋听说张鲁进犯，束手无策。益州别驾张松自告奋勇前往许都，打算说服曹操攻打张鲁，以解益州之围，同时准备把西川地图献给曹操。然而，曹操自打平定西凉马超后，志得意满，见张松相貌丑陋、言语顶撞，遂将其乱棍打出。后来，张松在归川路上，受到刘备的厚待，献出西川地图，助其成就大业。

傲气乃人之大敌，往往会令人骄横任性、目中无人，迈出自毁前程的第一步。

诸葛亮在《将诫》中说："不傲才以骄人，不以宠而作威。"只有收敛傲气、低调为人，心怀敬畏、谦逊待人，才能福气满满，站在人生高处。

增强骨气

骨气，是一个人坚硬的底牌。俗话说："人可以穷,但不可以无骨。"人若失去骨气，就像无根的浮萍，撑不起身、立不起形。

曾国藩靠着讲原则、守底线、不妥协的骨气，"养活一团春意思，撑起两根穷骨头"，一路走上人生巅峰。

孟子云："富贵不能淫，贫贱不能移，威武不能屈，此之谓大丈夫。"人在面对诱惑时，要有一种至大至刚的浩然之气：牢记原则、坚守底线、舍得下人情、扛得住欲望。哪怕人生之路再难再险，依然能勇敢攀越、抵达光明。

滋养大气

常言道：天之大，能容浩瀚星海；地之大，能养万物生灵；海之大，能纳百川奔流；人有大气，则天地沧海尽在心胸之间。

大气,是一种海纳百川的气质,是一种成熟宽厚的气量,是一种从容进退的气度。

为人倘若鸡肠鼠肚,则难以服众。相反,为人大气,胸襟宽广,方能获得鼎力相助,战胜小我、成就大我。

《荀子·非相》中说:"君子贤而能容罢,知而能容愚,博而能容浅,粹而能容杂"。只有如此,人生才会积攒更多的运气,拥有更多的机遇。

涵养和气

待人处事,贵在和气。所谓和气,就是凡事以和为贵,怀有一颗宽容体谅之心。

俗话说:"和气致祥,乖气致异。"和气就像拂面的春风,山因之染绿,冰遇之则融。与人相交,贵在和气相迎,不必非得分个高下、论个输赢。

只有遇事宁让三分、和气对人,才能换来别人的和气相对。唯和气热心之人,其福亦厚,其泽亦长。

艰难时刻，
12 句话让你看清人生逻辑

有些事情，总是在经历过后才懂得；有些道理，长大了，才真正理解。

当你感到迷惘焦虑的时候，不妨读读这 12 句话。愿你能抖落肩上的尘土，洗刷掉心中的阴霾，在人生的旅途，一路昂首，一路高歌。

1

不受教育的人，因为不识字，上人的当；

受教育的人，别因为识了字，上印刷品的当。

尽信书不如无书。真正好的教育，不是只安心读书，安于课本，而是要到实践中去了解，去思考，去共情，去体悟。

2

人是理性动物，但当他被要求按照理性行动时，可又要发脾气了。

所有道理只有做到，才能真正明白并成为理性的人。

3

这个世界并不会在意你的自尊，而是要求你在自我感觉良好之前先有所成就。

生活不总是和颜悦色，反而常常冷酷无情，失败让人成长，成就赢得尊重。

4

我未曾见过一个勤奋、谨慎、诚实的人抱怨命运不好；良好的品格、优良的习惯、坚强的意志，是不会被所谓的命运击败的。

"命运的安排"，这种说法听起来熟悉又无奈。有些人就是喜欢把不得意的人生归于命运的安排，在"安排"面前，他们情愿忍气吞声、逆来顺受，也不去努力改变现状。

每个人的生命都是自由的，倘若你不想被安排，命运也不能奈你如何。

5

铁饭碗的真实含义不是在一个地方吃一辈子饭,而是一辈子到哪儿都有饭吃。

关于"35岁中年危机"的讨论十分热烈,其中有句话十分扎心:"不是35岁的中年人不行了,是35岁的你不行了。"

真正的安稳,是拥有强大的抗风险能力,是在变数来临的时候,你有底气面对。大浪打来,谁拥有的救生圈最多,谁就有更多活下来的希望。

6

有的东西不过很久是不可能理解的,有的东西等到理解了又为时已晚。

大多数时候,我们不得不在尚未清楚认识自己的情况下选择行动,因而感到迷惘和困惑。

迷茫并不是放弃行动的借口,不开始行动,迷茫也不会消失。

所以,允许自己犯错,允许自己搞砸一些事,接受自己当下的平庸,带着一颗强大的心脏,不怕失败地往前走吧!

7

读书多了,容颜自然改变,

许多时候,以为看过的书都成了过眼云烟,

其实很多书对人的影响是潜在的。

读书,是摆脱平庸的过程,生命也因此丰富。

读书就跟善良一样,不求回报,但会带给你不一样的惊喜。

8

生命中最难的阶段不是没人懂你,而是你不懂你自己。

世上最难的,便是自我认知。每个人都应该仔仔细细地审视自己的生活方式,审视自己的理想和追求。

9

只要沉着镇静、实事求是,就可以在不知不觉间达到目的。

"事急则缓,事缓则圆。"沉住气,是人生的重要修为。

人到中年,里里外外、前前后后,难免会有忙乱的时候。生活越忙乱,越要沉住气,慢慢来。否则,就像一个小孩扯桌布,把桌上的好东西都扯到地上,最终一无所获。

10

人一旦盲目从众,智商就严重降低。为了获得认同,个体愿意抛弃是非,换取那份让人倍感安全的归属感。

敢于脱离群体看事情的人,是真的勇敢。

很多时候,"不合群"不是桀骜不驯,更不是狂妄自大,而是在人来人往中,始终保持一份清醒,心中有一枚定海神针。

11

优于别人并不睿智,真正的睿智应该是优于过去的自己。

跟别人比,你有时会高高在上,有时会自愧不如,但赢一次自己,你就有赢第二次的勇气。

12

当一切似乎毫无希望时,我看着切石工人在石头上敲击了上百次,而不见任何裂痕出现。但在第一百零一次时,石头裂成两半。

我体会到,并非是那最后一击,而是前面的敲打使它裂开。

越接近成功越困难。要活出一个无限精彩的人生,无疑先做出一番艰苦磨炼。

《哲思·成长卷》

真正的成长，从改变自己开始

人与人的差别，
就在于遇事的状态

人的一生，会遇到各种各样的问题，这些问题可能使人疲惫，让人痛苦。对待问题的态度不同，解决问题的方法多样，会呈现出多种人生轨迹。

弱者逃避问题

从某种意义上说，逃避是生物趋利避害的本能。这并不是因为人天生懒惰，而是在面对痛苦时，自我保护的一种措施。值得注意的是，逃避问题一旦成瘾，人就会养成第一时间逃避的习惯，而不是思考如何解决问题。

"你不能解决问题,你就成了问题。"将今天的问题积压到明天,总有不得不面对的时候。把面前的阻碍背在身上,总有被压垮的一天。

与其逃避问题,不如带着问题前进,逢山开路,遇水搭桥。

强者解决问题

在《庄子·达生》中,有一个佝偻丈人承蜩的故事。

有一天,孔子在去楚国的路上,看见一个驼背老人正在用竿子粘蝉,动作轻巧得就像在地上捡东西一样。孔子说:"先生的技术真是巧啊!这其中有窍门吗?"

驼背老人告诉孔子:"我有我的办法。虽然粘竿很长,在竿头上的粘丸也不好掌握平衡,蝉也爬得很高,我可以勤加练习。经过五六个月的练习,我可以在竿头累加两个粘丸而不会坠落,失手的情况就会变少;当我练到能在竿头累加三个粘丸而不掉落,那么十次粘蝉很难再有一次失误;当我练到能累加五个粘丸而不掉落的时候,粘蝉就会像在地上捡东西一样容易。粘蝉的时候,我会站稳身形,就像临近地面的断木,我举竿的手臂,就像枯木的树枝;虽然天地很大,眼前的景物很多,但我一心只注意蝉的翅膀,绝不因纷繁的万物而改变对蝉翼的注意,怎么会不成功呢!"

睿智的人在面对问题的时候,正如老者粘蝉一样,心里在分析问题,手上在解决问题。愿你我都能选择做生活的强者,身披铠甲,无惧风险与挑战,越战越勇,努力向前。

凡事不慌,遇事能扛

人一生中,谁也无法预测会遇到怎样的问题,也没人保证自己永远一帆风顺。

人生,就是一个"打怪升级"的过程。遇事不决,只是暂时搁置问题,但并没有远离痛苦。相反,直面矛盾、想方设法解决问题,既会收获能力,又会成就欢乐自在、美丽丰盈的人生。

余生,愿你我都拥有坦然面对问题的能力,凡事不慌、遇事能抗。

人生四大幸事：
枕边有书，身上无病，善交益友，心中有爱

人生路漫漫，愿你一生拥有以下四大幸事。

枕边有书

不知道你有没有发现，生活中很多的烦恼，不过是因为你读书太少，却想得太多。有句话说得很好："没事少迷茫，有空多读书。"读书是行走于世足以抵御风险的一把佩剑，更是一张通往希望的"通行证"。多读书、读好书，可以见众生、见天地、见自己。

当思考方式与庸人不同，拥有开阔的眼界，你便懂得"世上本无事，庸人自扰之"，能以最大的底气应对人生中的不如意。这，不就是大

幸事吗?

你读过的每一本书,都会让短暂的一生变厚重。每个人精神世界的丰盈,胜过世间万千浮华。

身上无病

如果说读书是投资个人素养,追求健康则是投资"不提前离场"的能力。没有一个健康的身体,你拿什么与爱人白头到老、为孩子挡风遮雨、陪伴父母安度晚年,又拿什么去和人家拼人生下半场?

著名作家马伯庸对健康的感悟更加深刻,他坦言:最近几年,身边朋友健康出状况的频率高得惊人。无论你多么自由,请别忘了你头顶始终有一名叫健康的"老板"。健康是一个虚伪的"老板",它表面上慈祥大度,任凭你任性胡为,从来只是笑着口头批评两句就算了。但这一切都是假象,其实它骨子里是个严苛暴虐的人。你对它的任何不敬和忽视,哪怕只有一丁点,它都会睚眦必报。

"健康的身体乃是灵魂的客厅,有病的身体则是灵魂的禁闭室。"健康不是一切,但没有健康就可能失去一切。自古而今,多少英雄豪杰因失去健康而壮志难酬;多少名流人物因病魔缠身而事业中断。无论一个人走得再远,飞得再高,健康才是此生最值得投资的事。

善交益友

交友不易,交益友更是可遇不可求。古语有云:"立身成败,在于所染"。在大千世界中,若能交到"三观"契合的好友,是人生一大乐事;若能遇到志同道合的知己,更是难能可贵。

酒肉朋友,利字当头;良师益友,义字当先。落叶知秋,落难识人。落井下石之人,当敬而远之;雪中送炭之人,才值得以心交心。

君子之交淡如水,好朋友不是天天如胶似漆,而是"不常联系,从没忘记"。善交益友,人生也会受益无穷。

心中有爱

有人说,我们都渴望以自我意愿为中轴,去寻找自己想走的路。可人这一生,看似在寻找很多东西,但最终不过是在寻找内心中的热爱。

什么是热爱?或许很多人以为,热爱就是你喜欢和想要干的事,心甘情愿地为其付出,心甘情愿地承受失败,也心甘情愿地接纳追寻路上全部的苦和累。

一个人最幸福的事,大概就是活在自己的热爱里。热爱就像我们人生中的一个灯塔,当你迷失了、疲惫了,至少还有灯塔为内心指明方向。哪怕在最艰难的时刻,内心也有一股支撑力,让你不舍得放弃。人生,其实并不需要做什么惊天动地的大事,哪怕仅仅做一件自己热爱的小事,就足以抵过岁月漫长。

能扛事的人，往往具备这些能力

成年人的世界，没有"容易"二字。

白岩松写过这样一段话：一个人的一生中总会遇到这样的时候，一个人的战争，这种时候你的内心已经兵荒马乱天翻地覆了，可是在别人看来你只是比平时沉默了一点，没人会觉得奇怪。这种战争，注定单枪匹马。

没有谁的生活是容易的。但能扛事的人，会把生活的苦难当成向上攀登的阶梯，扛住的苦难越深，离成功越近。

人生如棋，懂得掌局

少年如棋之开局：赢在格局。"谋大事者，首重格局。"我们不应局限于眼前，而应该放开眼界，谋划长远。

中年如棋之中盘：进退裕如。人生这盘棋进行到中盘，才算到了最精彩的阶段，才能尽显一个人的实力。王阳明曾说："一起一伏，一进一退，自是功夫节次。"

棋到中盘，往往杀得难解难分，你进我退，变化多端。人唯有"知进退"，才能有所为。做到进退裕如，方是人生大境界。

老年如棋之收官：慎始慎终。大度放表面，谨慎刻心间。谨慎不是胆小保守，而是一种老成持重的智慧。

懂得妥协，半是理解半是成全

不与烂事纠缠，是对别人的理解，也是对自己的成全。很多时候，面对难题没必要发怒，有问题就去解决，不要让别人的错误影响自己。

不与烂事纠缠，是成年人高级的自律。把时间和精力花费在更值得的事情上，努力让自己变得更好，才是真正的明智之举。

选择不动声色，是对人对己的成全。随着阅历的加深，我们会发现不是所有的事情，都值得去较劲。小孩子才会凡事争论输赢、争对错，而成年人的妥协，一半是理解，一半是算了。生活本来就充满不易，我们没有必要为难自己。

深谙"钝感力"的智慧

世界上有一类人，即便被流言蜚语包围，也不为他人的鼓动所左右，反而能迅速适应复杂的环境，如鱼得水。就像《钝感力》中说的：世界与我无关，大方勇往直前。

迅速忘却不快之事。虽然"钝感"有时给人以迟钝、木讷的负面印象，但钝感力是我们赢得美好生活的手段和智慧。在职场上走得稳，走得远的人，一定是那些精于业务，而钝于琐事的人。

认定目标。能否成功并不完全取决于才华，有些时候，良好的心态比才华更重要。即使面对再一次的挫折，仍然能够坚定目标，用乐观的心态、稳定的情绪，去迎接下一次挑战。

坦然面对流言蜚语。钝感力就像一张过滤网，会滤掉那些无所谓的评价和杂音，让你不受其干扰，坦然面对。

不得意忘形。面对表扬，不手舞足蹈，不得意忘形。这需要你坚定信念，摒弃杂念，更为大胆、充满自信地向前迈进才行。

余生，愿你"迟钝"一些，过滤杂质，享受美好，活得从容自由，肆意洒脱。

一个人的最佳状态：
心中有光，慢食三餐

山有顶峰，湖有彼岸，人生海海，万物皆有回转。当我们觉得生活苦涩，请你相信，一切终有回甘。

世上没有两片相同的叶子，也没有完全一样的人，区别就在于人内在的特质。

静

静能生智，静容易让人聚焦实现道路的通达。

对于正向生长的人来说，有时候看起来的安静，不过是另一种忙碌的表象。有句话这样说："越是安静的人，越强。"因为身心安静的人，很可能是默默地在用脑。

定

常言道:"不定者,则易迷,迷则必失。"我们喜欢把别人的成功归结于运气好,面对自己的失败,也常会哀叹时不我与。殊不知,大部分的成功人士,都曾为他们现在拥有的一切辛勤耕耘了很久。

没有随随便便的成功,也没有一挥而就的佳作。那些看似毫不费力、信手拈来的成就,都是厚积薄发的结果。

和

和善是生活顺遂的知己,行走人生道路的润滑剂。

遭遇挫折时朋友一句安慰的话,寒夜出行时他人传递的一缕暖意,碰到困难时周围人一个鼓励的眼神,这些不经意的举动都传递着温暖人心的正能量。

事慢慢干

凡事慢慢来，并不是说要拖延做事，而是在有限的时间内，让内心达到一种平静的状态，尽全力完善每一件事，保证不出现纰漏，进而得到自己满意的结果。

有时候，等事情慢下来了，才能享受到隐于表象之内的美感，体味生活的真意。

话慢慢说

当内心不良情绪占据上风的时候，你应该先停止表达，让情绪稳定下来，再思考说出的话是否会伤害到对方。其实，偏慢的语速会给人一种沉稳的印象，更容易说服别人，赢得别人的信任。

语速慢下来，每一句话都经过深思熟虑，逻辑自然变得顺畅，表达更清晰，别人更容易接受你所传递的信息，不会让别人难堪或是误会。

情慢慢处

有人说，感情是忍不住时最想拨打的电话号码，是深夜久坐的那杯清茶，是悠闲时最想见的身影，是忙碌时不能忘的牵挂。

好的感情需要沉淀，也是慢慢处出来的。

惊人的简约法则

人活一生，太过执着会导致眼界变窄、格局变小，抛开执念，才有机会收获无限可能。

人，一定要悟透自己

你是不是经常陷入焦虑？间歇性陷入迷茫，持续性找不到方向，不知道这一生的使命到底是什么。

尼采说过："生命中最难的阶段，不是没有人懂你，而是你不懂自己。"

看清自己的本质

"对于普通人来说,发觉自己的天赋很重要,因为只有做自己擅长的事,才有可能快乐。"无论做事还是做人,认清自己都很必要。

认清自己,既不会因为别人的否定自卑自弃,又不会因为别人的恭维而夜郎自大。

接纳自己,既包括长处,也包含缺点,只有这样你才能活得自洽,你的生活才会自如。

厘清和外部的关系

成年人应该遵守的社交原则:拒绝突破底线的交往,底线不容碰触。人生有尺,做人有度,懂得拒绝,设立底线,厘清你与外部世界的关系,你的生活才能从容自在。

顶级智慧:及时止损

古人云:"当断不断,反受其乱。"

人活一世，不可能事事顺心。遇到纠缠你的人，不称心的事，懂得及时止损，才是一个人拥有较高智慧的表现。

变了质的感情，学会放下

你要相信，避免跌入深渊最好的办法是远离深渊。适时放弃变了质的感情，乃人生大智慧。

走错的路，及时转弯

心理学上有著名的"鳄鱼效应"：一只鳄鱼咬住你的脚，如果你试图用手帮脚挣脱出来，鳄鱼便会同时咬住你的手与脚。你越挣扎，会被咬得越狠。

所以，万一被鳄鱼咬住了脚，最明智的方法就是果断牺牲一只脚。爱错人也好，走错路也罢，很多时候勇于放弃才是对自己最好的救赎。适时停下来，反而是一种进步。

过去和未来之忧，当断

有人说，人生的烦恼大抵可归纳为十二字："放不下，想不开，看不透，忘不了。"

我们常常为昨日之事心生千千结，又为明日之不测满腹愁绪。可一味执着于过去的烦恼，就会被囚于心中的牢笼；把目光全然投向未有定数的明天，便会忽视眼前要紧事。

物来顺应，未来不迎，当时不杂，既过不恋。

无能为力之事，当舍

凡事要尽力而为，也要量力而行。路遥曾说："一个人应该有理想，甚至应该有幻想，但他千万不能抛开现实生活，去盲目追求实际上还不能得到的东西。"

有时承认无能为力，是一种解脱；选择退而求其次，是一种智慧。

恼人的执念,当离

正如林清玄所说,如果学会放下,时刻活在眼前的一境,忧烦立即得到截断。

这些习惯，
足以改变你的人生

你知道吗？习惯大多是被设计出来的。有研究发现，我们每天40%的行为，都是出于习惯。可以说，养成好的习惯，能帮助我们更好地掌控人生。

让人变高效的习惯

关于学习

你的知识增量，决定你的成长质量。

知识从哪里来？很重要的一点，是看书。一本书，就是一个思维模型，就是一套理论框架，就是一种认知。

关于看书和学习，有两个很大的误区。

第一个误区：把看书过分形式化。

提到看书学习，有些人会想到这样的元素：阳光、落地窗、柔软的沙发和一杯香醇的咖啡，在舒缓的音乐中静静阅读。把学习过分神圣化，给了自己不读书太多的理由和借口。

别让形式大于目的。书只是一个载体，我们真正要做的事情，是获取书中的知识。

第二个误区：不仅是为了获得知识，更是为了获得认知。

这个世界上，有两种知识：一种是把未知，变成已知；另一种是把已知，变成认知。当你要学习牛顿力学时，你也许不会去看牛顿的原著，而是买一本讲解牛顿力学的教材，或看牛顿力学在生活中的应用，真正理解什么是牛顿力学，明白是什么，还要知道为什么，怎么用。

关于克服拖延

5分钟起步法：当你不能静下心来做一件事时，给自己5分钟起步时间。你只需告诉自己：只有5分钟，忍忍就过去了。

大多时候，你会发现实际上坚持不止5分钟。一旦大脑启动这个观念，你会惊奇地发现，自己还可以专注10分钟、20分钟，甚至更长时间。

蔡加尼克效应。试着在纸上画一个圆圈，交接处有意留出一段空白。过段时间再看看这个圆，你的脑海里会出现强烈的意念：想把这个圆补全。

因为，人类天生有完成事情的愿望，善用这种心理会帮我们更有效率地完成工作。

你可以把手头的工作做一个进度条或圆饼图，当看到进度为75.6%，就会很想把它完成或补圆。

让人心情变好的习惯

不解释

许多时候，我们总喜欢去解释一些事情。但你要知道，不是所有人都了解你的为人。有一句话说得好："对不相信你的人，你磨破嘴皮子都没用；对相信你的人，即便不开口也懂你的全部。"

放下不甘，时间自会做出最客观公正的评价和判断。

不强融

有一句话是这样说的:"社交圈不同,不必强融。"强融的社交圈,不仅让自己活得累,而且让别人感到尴尬。不如学会在懂你的人群里散步,自在地去做你自己。

不讨好

作家毕淑敏曾说:"我们的生命,不是因为讨别人喜欢而存在的。"

真正在乎你的人,不需要你讨好;讨好来的,也不会被珍惜。与其每天去察言观色,去看别人的心情,在乎别人的感受,不如学会善待自己。

请相信：
"相信"的力量

如果渴望创造一个更好的未来，第一步你要做的就是：相信自己能够做到。

信念，是蕴藏在心中的一团永不熄灭的火焰。做任何事情，都必须坚守自己的信念。心有光芒，必有远方。

命运真正的舵手，不是所见的人、事、物，而是潜藏在你内心的信念

信念看不见，摸不着，却时时刻刻影响着我们看问题和做事情的方式，进而决定一个人的人生走向。

宗庆后18岁的时候，在一个农场干活，挖盐、割稻、烧窑……

都是苦力活。他曾回忆说，那时自己"脑袋里有过各种各样的梦想""总想出人头地，总想做点事情"。他有空闲就看书、学本事，就这样在农村待了15年，才回到杭州。刚开始，宗庆后在一家校办企业卖冰棍和学生文具。直到42岁，他辞职承包了一个又穷又小的校办工厂，每天勤勤恳恳地蹬着三轮车，风雨无阻地去送货。"一根冰棍4分钱，卖一根只赚几厘钱。"宗庆后从小小的汽水、冰棍和文具做起，生意越来越大，一步一步，最终他创建了娃哈哈集团。

一个人因为相信才会看见，绝不是因为看见才去相信。我们常常睁大眼睛，去世界的角角落落寻找自己想要的东西，却忘了一个人若心里没有信念，无论到哪儿都会迷路。

不再相信，往往就会失去一切

北大学子卢新宁回母校的一场演讲上说："我唯一的害怕，是你们已经不再相信——不相信规则能战胜潜规则，不相信学场有别于官场，不相信学术不等于权术，不相信风骨远胜于媚骨……"

不再相信，往往就会失去一切。我们的人生之路越走越窄，往往不是因为不够聪明，而是因为我们不再相信。

无论什么时候，守住心中的那份光与热

心中有"相信"的力量。如果看不到太阳，我们就成为太阳，成不了太阳，我们就追着太阳。

一个人相信什么，他未来的人生就会靠近什么。你相信什么，才能看见什么；你看见什么，才能拥抱什么；你拥抱什么，才能成为什么。终于，你所相信的，就是你的命运。

你可以低着头，汲汲营营地找寻地上的"六便士"，活成日复一日的"蚂蚁人"。也可以抬起头，让那曾经照亮你宝贵生命的月光，重新照亮平庸的生活。

永远追随内心，才会成为最独特的、最鲜活的自己，让我们平凡的生命变得不平凡。

能控制早晨的人，
也能控制人生

一日之计在于晨。《朱子家训》第一句就阐明了早起的重要性："黎明即起，洒扫庭除"。早起的人，能够找到人生的掌控感，这种感觉让人心安。

习惯早起的人生，更健康

据某报告统计：有3/4的"90后"在晚上11:00以后入睡，1/3则在凌晨1:00以后入睡，每天熬夜的"90后"超过5000万人。长期不规律的生活作息，让他们的身体不堪重负、越来越差。其实，晚上好好睡，清晨早早起，便是对身体最好的养护。日出而作，日落而息，是最自然的作息规律。

我们在早晨该做的事情,都对身体有着巨大的益处:清洁身体、排出废物、适当的运动、恬淡的心态……长此以往,不愁没有容光焕发的脸、健康轻盈的身体。

习惯早起的人生,更从容

有多少人的清晨是这么过的:每天早上被闹铃叫醒,一睁眼,就陷入低迷的情绪,总想着今天又是一堆又苦又难的工作等着解决。不想上班,就躺在床上磨蹭、赖床、玩手机,等到不得不起床,才爬起来紧张地洗漱出门,小跑着买早餐,一边狼吞虎咽,一边追公交车,最后狂奔进公司打卡上班。

一个失控的清晨,只会带来一连串的混乱和愧疚,徒增焦虑感。规律的早晨,则会在很大程度上缓解焦虑,时间变得宽裕,更不容易陷入对眼前任务的恐慌之中。

人在心境平和时,思维最清晰,行动最高效,一切尽在掌握,按部就班去做即可。早晨的从容,会让你一天都从容;当你每天都从容,就会一生都从容。

习惯早起的人生，更容易成功

有国外学者曾花费 5 年时间，研究 177 位白手起家的成功人士的日常习惯，最后发现，其中 90% 的成功人士都有一个好习惯：早起。奥巴马在大选时曾被问道："你这个人最大的优点是什么？"他说："我总是提前。"《早晨型人更容易成功》一书指出：早起的商务人士在谈判或开会时，效率更高，事业更容易成功。

习惯早起的人生，更丰盈

梁实秋一生都保持早起的习惯，即便是在北方寒冷的冬季，他也会从被窝里蹿出来。"醒后不要赖在床上翻来覆去，而是迅速起床伸伸懒腰，读书、写作、学英语、听着音乐锻炼身体，或者做早饭……远离一切喧嚣，淡定从容、有条不紊地去做自己喜欢的事。"

梁实秋在《早起》一文中写道：我如今年事稍长，好早起的习惯更不易抛弃。醒来听见鸟啭，一天都是快活的。走到街上，看见草上的露珠还没有干，砖缝里被蚯蚓倒出一堆一堆的沙土，男的女的担着新鲜肥美的菜蔬走进城来，马路上有戴草帽的老朽的女清道夫，还有无数的青年男女穿着熨平的布衣精神抖擞地携带着"便当"骑着脚踏车去上班——这时候我衷心充满了喜悦!这是一个活的世界,这是一个人的世界,这是生活!

早起的人,生活丰富,主次分明,有条不紊,更能够享受生活中的烟火气息。早起的人,是富有的。

保持幸福的 6 个微习惯，胜过无数大道理

生活中，每个人都渴望圆满，但遇到缺憾是常态。这 6 个保持幸福的微习惯，胜过很多大道理。

多分享

《关键对话》一书里写道："在实际生活中，要想和别人成为朋友，一起成就事业，首先就要学会分享。"很多人怕吃亏，又总想着占别人便宜，结果往往因小失大，为了一棵树，反而失去整片森林。

一个人若总是守着自己那点利益不放，到头来，害的也只会是自己。俗话说："赠人玫瑰，手留余香。"在某种意义上，分享是一种

"长远投资",你肯为别人付出,别人才会为你付出。学会分享和给予,你的人生之路才会越走越宽。

少固执

公元383年,前秦皇帝苻坚向大臣们宣布进攻东晋。大臣石越立马表示反对:"不可,晋国占据长江天险,这对我们非常不利。"苻坚听后,不以为然道:"长江有什么了不起,我有百万大军,每个士兵把马鞭抛到江中,就足以堵断江水。"又有许多大臣站出来反对,苻坚一概不听,坚持出兵。他亲自率领百万大军进攻晋国,结果在淝水之战遭遇惨败,狼狈逃回洛阳。经此一战,前秦国力大伤,很快就灭亡了。

人犯错并不可怕,可怕的是不接受别人的意见。太过自我的人,往往会在一意孤行中毁了自己。人活一世,懂得放下固执,择善言而听,才能走得更高、更远。

找到热爱

有这样一句话:"人生最好的状态,莫过于有事做,有人爱,有所期待。"对于平淡的生活而言,热爱无疑是最好的解药。它会赋予你能量,赐予你热情,吸引你不断去探寻生命中更多可能性。心有热爱,眼中自有光芒。去找到你所热爱的事,并为之全力以赴,才能活成自己喜欢的样子。

少纠结

一位教授用手握住一杯水,问学生:"大家猜猜这杯水有多重?"听着学生五花八门的回答,教授笑道:"水的重量,取决于我握着水杯的时间。如果握一小会儿,水很轻;如果一直握着,水就会变得越来越重,让人不堪重负。"人生过往,亦是如此。

过去的事情已经发生,无论多么遗憾和懊恼,都于事无补。好事坏事,终成往事。

聪明的人懂得轻装上阵,把过往留在昨天,把精力留在当下,如此才能走得洒脱轻盈。

多行动

生活中,很多人都有拖延的毛病。殊不知,长此下去,个人的成长也会按下暂停键。遇到挑战不敢主动出击,遇到问题不愿承担责任。

贝多芬说过:"人拥有的东西,没有比光阴更有价值的了,所以千万不要把今天的事拖延到明天去做。"如果你要健身,就从每天跑两公里开始;如果你要看书,就从每天看10页书开始……

只有迈出第一步,才能打败惰性,书写精彩人生。

6 种底层思维：
让自己变厉害

有人说，人与人之间最大的差距是思维方式的不同。有时候，正确的思维方式，比所谓"努力"更重要。思维改变一小步，人生前进一大步。

裁缝思维

英国有一则家喻户晓的故事。在伦敦的一条街上有三家裁衣店，为招揽更多的生意，三家裁衣店的老板先后在自己的店铺前挂出一块广告牌。最先挂出的广告牌上醒目地写着："本店拥有伦敦最好的裁缝。"第二家老板见了，不甘示弱，立即挂出一块同样大小的广告牌，写着："本店拥有英国最好的裁缝。"看到这里,人们以为第三家裁衣店的老板会挂出这样的招牌:"本店拥有世界上最好的裁缝。"

不料,第三家裁衣店老板来了一个大反转,他亮出的是貌似普通却极为绝妙的广告牌:"本店拥有这条街最好的裁缝。"此牌一亮相,立马吸引大量顾客前来。

"裁缝思维"告诉我们的是:眼前的对手,才是真正的对手;现实的问题,才是最有意义的问题。人可以有梦想,但必须建立在对自身有正确认知的基础上。如果梦想不切实际,还不如脚踏实地做事靠谱。只有认真对待现实中的问题,才有可能真正改善自身的处境。

窄路思维

坚持"窄路思维",就是坚持做正确但最难的事情。有句电影台词是这样说的:"如果你要选择一条路去走,那么就选最难的那一条。"

这条道路非常狭窄,因为太难了几乎没有人走。也就是说,当你觉得选择的路很艰难的时候,说明你正在成长,在走上坡路。当你觉得选择的路很容易的时候,说明你正在逃避,在走下坡路。

其实，人的一生就是自我完善、审视和提高的过程。艰难是披着荆棘的康庄大道，也正是因为难，坚持到最后的人，才能收获相应的成果，变成顶尖的高手。

借力思维

"给我一个支点，我就能撬动整个地球。"阿基米德的这句名言，很好地体现了借力的重要性。

不得不承认，每个人的能力都是有限的。当凭借自己的实力不足以成事时，不妨挖掘可利用的资源，团结身边的力量。

借力朋友，拓展自己的交友圈，汇聚高质量的人脉力量；借力对手，从他们身上吸取经验，学人之长，补己之短。

荀子曰："君子生非异也，善假于物也。"借力思维，可以产生"一加一大于二"的倍增效果。

懂得借力的人，用最短的路径走最轻松的路，往往事半功倍、无比圆满。

换轨思维

坚持一定就胜利吗？答案是：不一定。

当你按照原有的路线无法实现目标时，果断放弃好过盲目执着。

所谓"捷径"，是选对路、找准方向，然后坚持到底。不是每一堵南墙都值得去撞的，更多的时候是需要不断换轨、转弯、绕行。

换轨不是懦弱认输，而是减少不必要的自我损耗，是一种懂得取舍的胸襟和智慧。山不转，水转；水不转，人转。

当我们陷入进退两难的境地时，别忘了左右的路与前后的路一样开阔。拥有换轨思维，才能拓宽人生的轨道，让自己有更多的选择，找到更好的出路。

减法思维

每个人的时间和精力都是有限的，学会做减法，学会舍得与放弃，方能获得轻盈与灵动的人生。

有人说，成长是做加法，成熟是做减法，因为做减法比做加法更能让灵魂成长。

其实，人生就像一辆车，轻车简从，不超载，不超速，就会顺利抵达幸福车站。

旁观思维

生活中，很多人在面对抉择时反复纠结，此时不妨问问自己："10分钟之后，怎样看待当前的选择？10个月之后呢？10年之后呢？"

俗话说："当局者迷，旁观者清。"

站在旁观者的视角审视自己，调整选择，可以帮助我们跳出当下的困局，破除眼前的迷障，找准人生的方向。

遇事果断不犹豫，少点儿精神内耗，多点儿精力奋斗，不做困局中的当局者，努力才会有意义。

《哲思·成长卷》

《哲思·成长卷》

D

你对人生的态度,
决定你会成为什么样的人

惊人的"强者法则":
做自己的靠山

人生如海,潮起潮落,很多人不是败给命运与他人,而是自己。而那些越活越强大的人,都成了自己最大的靠山。

有多少人败给"慢马定律"

真正的累,不是拼搏,而是内心的迷茫。

网上有一段很扎心的话:"在这个时代,人工智能像人不可怕,可怕的是人越活越像人工智能。"

有不少人喜欢"一张报纸一包烟,优哉游哉过一天"的日子,想办法推脱责任少干活,还为自己占了单位的"便宜"而沾沾自喜。其实,工作中"摸鱼"是在浪费自己的时间,因为把自己的时间弄得不值钱,你的收入怎么可能高呢?

　　成功的路上其实并不拥挤,因为大多数人选择安逸。时间是这个世上最公平的东西,你选择打发它,它就会反过来打发你。那些本可以让你变得更优秀的每一天,一旦浪费了就不会重来。

　　这个千变万化的时代,不会等任何人。今天比昨天多做一点点,明天比今天精通一点点,才是普通人最大的进步。

惊人的"懒蚂蚁效应"

　　一个人思考的深度,决定他人生的高度。

　　日本北海道大学的进化生物研究小组做过一个实验,他们对三个分别由30只蚂蚁组成的黑蚁群进行追踪,观察它们的分工情况。研究小组发现,大多数蚂蚁都很勤快,清理蚁穴、搬运食物、照顾幼蚁,几乎没有停歇。然而,有少部分蚂蚁却无所事事,终日在蚁群周围东张西望,从不工作。生物学家把这少数蚂蚁叫作"懒蚂蚁",并在它们身上做了标记。

　　有趣的是,当研究小组断绝蚁群的食物来源时,那些勤快的蚂蚁立马乱成一团。"懒蚂蚁"则不慌不忙，带领蚁群寻找新的食物源。原来"懒蚂蚁"不是真懒，而是把大部分时间花在侦察上。它们看起来游手好闲，但脑子没有停止过思考，这就是著名的"懒蚂蚁效应"。

有人说，人与人之间最大的差距，不是努力的程度，而是思维的深度。没有深度思考，所有勤奋都是白搭。一个囿于杂务而懒于思考的人，注定会陷入平庸的困境。

摆脱低质量的"勤奋"，养成善于思考的习惯，才能走好人生进阶的每一步。

人，唯有在忙碌的生活中给自己留下思考的空间，才能静听灵魂深处的声音，才能找到人生最有价值的路径。

你对人生的态度，决定你会成为什么样的人

经济学中有个"马太效应"，简单地说就是强者越强，弱者越弱。

你是什么样的人，就会进入什么样的世界，就会过上什么样的生活。如果你是一个勤奋又努力向上的人，就会进入一条不断进取的赛道，过上别开生面的生活；如果你是一个懒惰又消极的人，就会进入

一条持续倒退的跑道,过上得过且过的生活。最终决定你能走多远、能过什么样生活的,永远取决于你自己的选择。

人生最大的不幸，
就是无法认清自己

《道德经》有言："知人者智，自知者明"。

在这个世上，有些人要么过分高估自己的能力，眼高手低导致碌碌无为；要么太过贬低自己的实力，畏手畏脚导致无所作为。

人生最大的不幸，就是无法认清自己。

不高估自己，是一种境界

萧伯纳说过，人类总是高估了自己所没有的东西之价值。

没有自知之明的人，拎不清自己到底有几斤几两，很容易被别人虚伪客套的赞美迷惑。把自己看得太重，往往伤得很痛；把自己捧得越高,往往摔得越惨。

有段话说得好:如果你拥有财富,别人崇拜的只是你的财富,不是你;如果你拥有美貌,别人崇拜的只是你一时拥有的美貌,不是你。一旦你拥有的这些成为过眼云烟,你就会见识到世态炎凉。

所以,别把运气当才华,别把平台当本事。

不看轻自己,是一种坦然

不知道你有没有过这样的经历:明明会做这道题,却因为害怕被说成爱出风头,而选择保持沉默;有人夸你会搭配、有品位,你立刻摇头否认,说只是随便穿穿……不知不觉间,自卑困住了你的人生。总觉得能力不行,所以时时否定自己;总认为实力不够,所以事事不敢尝试。

最美的表情是自信。你经常要做的就是加重对自我的期许,努力摆脱自卑的情绪,认清自己、相信自己。

人生在世,每个人都是独一无二的,何必因为他人的意见而贬低自己的存在。只有自己看得起自己,才能在人生的舞台上获得他人的掌声。

摆正位置，不至于迷失心智

一只老鼠在佛塔顶上安了家，它在佛塔的各层之间随意穿越，还能享受到丰富的供品，幸福极了。每当善男信女们烧香叩头的时候，老鼠心中暗笑："可笑的人类，膝盖竟然这样软，说跪就跪下了！"

有一天，一只饿极了的野猫闯了进来，一下将老鼠按住。"你不能吃我！你应该向我跪拜！我代表着佛！"老鼠抗议道。"人们向你跪拜，只是因为你所占的位置，不是因为你！"野猫讥讽道。随后，老鼠成了野猫的美餐。

做人亦如此。对自己始终保持清醒的认知，是有所成就的前提。

那么，如何客观地看待自我，清醒地查找不足？首先，你需要认清自己的能力边界，并在这个边界内最大限度地发展自己。明白了这一点，你就不会自视甚高。你当然还可以通过刻意练习，慢慢扩大自己的边界，一点一点地提高对自己的要求。

然后，你需要认清自己所处的环境：自然环境会限制你的体验和活动范围，时代环境会制约你的视野和影响力，成长环境会影响你的"三观"和行为倾向。

认清这些，就不会一味执着于自己得不到的东西，也不容易焦虑。

人生四时，把握住就是机遇

人生如行路，一路艰辛，一路风景。

低谷时，改变

在人生低谷的时候，有人堕落，有人迷离，有人可以从苦难中汲取力量，向更高的境界出发。

苏轼中年的时候，因为"乌台诗案"被贬黄州。黄州五年是苏轼人生旅程中最凄凉、最痛苦、最寂寞的日子，但对他而言有着烈火淬金般的意义。通过《黄州寒食帖》、前后《赤壁赋》等千古名篇，我们既可以感受他的悲喜，也可以领悟他的豁达。

生命的底色也许是苍凉,但是仍然要竭尽全力赋予它色彩,赋予它温度,赋予它生机,赋予它趣味。

得意时,自省

春风得意马蹄疾。在人生的高光时刻,保持头脑清醒是件难事。越是得意,盯着你的人越多,越不能放纵自己,骄傲过了头,只能是自己买单。

曾国藩早年爱出风头,尤其到了翰林院常常对人出言不逊。但他意识到自己的问题后,每天写日记自省。

本来要读书,结果出去玩了,他就记上"应酬稍繁";给朋友的诗提意见,没能实话实说,就写下"不忠不信,何以为友";说了刻薄的话,也如实写"言多尖刻,惹人厌烦"。身上的毛病,曾国藩一样一样改,自省的日记,他记到去世的前一天。

所谓迁善改过,就是指自省。站在人生巅峰,千万对自己要求高一点,及时反省自己,谨言慎行。

群处时，沉默

人群中，有点小聪明的人多爱显摆自己、夸夸其谈。其实，真正的智者大都明白祸从口出，早学会在公开场合适时沉默。

群处守口，独处守心。钱锺书曾说："那些在我们背后的窃窃私语，就像饭里的沙砾或者生鱼片没有剔干净的刺，给人一种不期待的痛。"

"谣言止于智者。"聪明人都懂得群处守口，不会随意评论别人的好坏。这是一种修养，不伤害别人，也成就自己的体面。

浅水喧哗，深水沉静。群处时，别说太多，在喧哗中保持沉稳，修得沉稳内心，你就增长了智慧，拥有了格局。

疲惫时，坚持

《诗经》："靡不有初，鲜克有终。"世上敢于开始的人不少，能长年累月坚持的却是寥寥。

成功也许是在人困马乏时，多了一点点坚持；失败往往是在该坚持时，少了些坚忍。累，是生活的常态，不放弃，才会有春暖花开。

慎终如始,则安常履顺;虎头蛇尾,往往劳而无功;俛时不怠,功到才能自然成。

真正的高手，
都懂得"稳定"的重要性

有人说，理想的生活总是风花雪月，现实却是金戈铁马。日常生活和工作中，总有那么一些人、一些事让我们感到焦虑无助、茫然失措。其实，情绪是一种很矛盾的东西，如果你无法管理它，就很容易在日复一日、年复一年的焦虑中消耗自己。

情绪稳定，是对自己负责

情绪不稳定的人往往性情多变，且极度跳跃。一般来说，追求安稳平静是人生常态，没有人喜欢在惊吓中度日。过度的愤怒与抱怨，只会让朋友离你越来越远。你控制不住情绪，它很可能吞噬你。当争吵成为家庭生活中的常态，坏情绪传染太多，不论是亲情还是爱情都会在反复无常的"变脸"中消磨殆尽。其实，不管遇到多大的困难，生活永远不会崩溃，崩溃的只有我们那经不起考验的情绪。

情绪稳定，是一个成年人必备的能力。例如，遇到突发情况镇定自若、淡然处之，不会大惊失色、六神无主；遇到困难执着坚定，不会失去自信；遇到令人愤怒的事谋定后动、尽力周旋，不会一冲动就不计后果。

"喜怒不形于色""泰山崩于前而色不变"，这样的人，能让人打心眼里产生信任感、安全感、亲近感。

能力稳定，能让你走出很远的距离

"通盘无妙手"是一个下棋的术语，是说会下棋的人，往往一整盘棋看不到特别神奇的一招，或者力挽狂澜的一手。

为什么是这样呢？所谓"妙手"，虽然看起来赢得很漂亮，但给对方致命一击的同时，往往也会暴露自己的缺陷，正所谓"大胜之后，必有大败；大明之后，必有大暗"。

而且，"妙手"存在不稳定和不可持续性，无法通过刻意练习来形成技能上的积累,一旦"灵感"枯竭,难免手足无措。

与之相比,"通盘无妙手"看似平淡无奇,实则积胜势于点滴、化危机于无形,最终取得胜利是稳稳当当的。

不要总想着毕其功于一役,只要每一步比对手好一点点,就足够赢了。真正的智者,都懂得能力稳定的重要性。稳定地"输入",稳定地"输出",每天提高一点点,再前进一点点,到一定时候回头看,会发现自己已经走出很远。

内心稳定,风雨无惧

很多人的内心,都有一种深层的不安:那种无助感,那种随波逐流,那种对前程的不确定感……如同无根的浮萍,在天高海阔的人世间随波逐流,时常感到无助和对前进方向的不确定感。

有时候,越是努力,越是浮躁;越是挣扎,越是往下沉得厉害。你并不是静不下心来努力,而是想早点要一个结果。心不在焉,杂念就会蜂拥而至。

其实,幸福是一种内心的稳定。所谓内心稳定,首先是内心对未来的笃定,不急躁,不盲目。只要方向正确,步子稳定,何时抵达只是时间问题。其次是对生活稳定的把握。明确什么是可以改变的,尽力奔跑;明白什么是无力改变的,放手看淡。

人生一世,草木一秋。唯有静心笃定,方能不乱一心,安然面对。

成大事之人，
有5"戒"

《庄子》载："其嗜欲深者，其天机浅。"人的一生，最大的敌人是自己，最难战胜的也是自己。成大事之人，都懂得戒持欲望、修养身心。

戒傲，懂得低调

曾国藩说过："天下古今之才人,皆以一'傲'字致败"。人一骄傲，就可能失去上进的动力；人一骄傲，容易表现得居高临下、趾高气扬。

唐朝的尉迟恭，作为朝廷大将，多次舍生忘死救李世民于危难之中，立下不世之功。有段时间他居功自傲，不仅经常当面讥讽其他官员，而且在宴席上因有人席位在他之上而大打出手，李世民因此不再重用他。

戒骄戒躁，放平心态，心如止水，才能画好最大的同心圆。

戒利，明白长远

过分纠结眼前的利益，常常会因"人算不如天算"失去很多东西。因此，"戒利守拙"相当重要。

杀鸡取卵，是大家都知道的关于"取利"的寓言。那对剖开母鸡肚子想要获得更多金蛋的老夫妻，在所有人眼里愚蠢又可笑。其实有些人面对利益，与那对老夫妻并无不同。

利益就像一面照妖镜，让人脱下虚伪的面具，考验人心，也展示人性。

"图利"者"贪"，"让利"者"公"，"戒利"者"善"。

不算计不图谋，用合理合法的正当渠道，取得应得的利益，才能走好人生的路。

戒惰，携手勤奋

懒惰是人生一大忌讳。梁启超曾说："百行业为先，万恶懒为首。"一懒世间万事休，万病起于懒，万事败于懒，万恶成于懒。

身体懒惰，会让健康出问题，肥胖、"三高"接踵而来。做事懒惰，喜欢拖拉，没有人想和这样的人合作；思想懒惰，便会投机取巧，不想凭本事赚钱、凭力气吃饭，只希望不付出就能收获果实。

富兰克林说过："懒惰像生锈一样，比操劳更能消耗身体"。因此，要想成大事，就要与懒惰抗争。这意味着自律，意味着克制，意味着有秩序的人生。

戒妒，品行高尚

罗素在《幸福之路》中说："普通的人性的一切特征中，最不幸的莫如嫉妒；嫉妒的人不但希望随时（只要自己能逃法网）给人祸害，抑且他自己也因嫉妒而忧郁不欢。"

你身边也许有这样的人：自己不够美貌，就质疑别人的天生丽质；自己不够优秀，就忽视别人的努力；自己过得不好，就见不得别人好。

善妒而不懂得欣赏别人的人，只会成天自寻烦恼，不是怒气冲天，就是嫉恨在心。这样不仅害了他人，而且害了自己。

欲成大事之人，大都戒了嫉妒心，愿意为别人的成功喝彩，为别人的努力鼓掌；同时，不断精进自己、完善自己，努力成为一个更好的自己。

戒怨，心平气和

遇到烦心事，有所抱怨本属正常。但任其蔓延，让情绪总是先于认知，不经意间我们就会被这种悲观、焦虑、懊恼的"负能量"裹挟，影响心情不说，甚至会让心灵笼上雾霾，让人走上灵魂的孤岛。

抱怨，一点作用没有，不仅弄凉了人心，而且弄毁事业，得不偿失。与其心存怨念，不如着力改变。努力向上生长，才是最好的人生破局之道。

人到中年，
这几件事比面子更重要

《孟子》里有个齐人乞食的故事。有位齐人在坟墓前乞食祭品充饥，却在自己的妻妾面前夸耀，说有钱有势的人常常请他吃饭。每次酒足饭饱，回到家一副醉醺醺的样子，骂骂咧咧、颐指气使。时间长了妻子开始怀疑，便跟踪他，最后看到他不是在富人的酒宴上，而是在东郊墓地跟人家讨要剩下的祭品吃。

层次越低的人，往往越自卑，内心没有底气。

一个人的成熟体现在不是不要面子，而是明白不为面子而活，懂得什么时候该把自己的面子放下。

责任比面子更重要

在《一地鸡毛》这本书中，小林作为那个年代为数不多的大学生，他有像样的工作，娶了城里的媳妇，还在北京买了房。于是，村里的亲戚朋友到北京都来找他帮忙，他抹不开面子，什么要求都答应。

其实，小林的收入不高，日子过得捉襟见肘，只能维持一家人的日常开销，哪里还有钱来招待老家的人。为了在亲戚面前维持体面，小林戒了自己最爱的啤酒，妻子也只能偶尔吃一次喜欢的炒肝。

直到一次，小林遇见大学同学"小李白"，才彻底放下自己的面子。"小李白"为养家糊口，摆摊卖板鸭，邀请小林帮忙，并开出10元/小时的高价。刚开始，小林觉得摆摊丢脸，怕被熟人看见笑话，但在妻子的鼓励下还是勉强上了岗。

当小林拿到酬劳，买了妻子向往已久的风衣，买了女儿喜欢吃的哈密瓜，看着她们喜笑颜开的样子，他才明白：人到中年，面子不过是浮云，日子才是自己的，责任远比体面重要。

成年人的世界，少有轻装上阵，多的是负重前行。人到中年，懂得适时放下面子，扛起生活重担的人，才是真正成熟。

里子，远比面子重要

人要面子，无非是想掩饰自己的脆弱。那么与其在别人面前戴上华丽的面具，不如充实自己，因为面子不是靠别人给的，是自己用能力、智慧和格局赢回来的。

事实上，聪明的人都会看重里子，努力提升自己，让自己变得越来越强大。

一位企业家回忆自己创业初期，为了见一个人，把车停在那人门口，一等就是十天半月。那时候他没钱，没本事，唯一能做的就是拿着自己的方案和各种人死磕。当时有人问他：最大的感悟是什么？企业家说，多学一件本事，就能少说一句求人的话。

面子和自尊从来不是别人给的，而是靠自己的本事赚的。有实力的时候，面子从来不是问题。强装出来的面子，并不会为生活增光添彩，也不会让我们的生活变得如外人看到的那般美好。

别因为面子和虚荣心让自己活得太累，你的力气，要用在做让自己更强大、让自己更有底气的事情上。

沉淀自己，
找到人生最好的状态

列夫·托尔斯泰说过："所谓人生，是一刻也不停地变化着的。"万物如此，我们对事情的看法也是如此。

当我们随着时间的长河往前走，就会慢慢明白：没有谁会停留在原地，任何人都会发生改变。沉淀自己，才能找到最好的人生状态。

最好的状态：不言而喻

遇到真正懂你的人，才会有不言而喻。《红楼梦》里有言："黄金万两容易得，知心一个也难求。"在茫茫人海中，若能遇到一个懂你心意，知你悲欢的知心人，便是万两黄金也不换。

路遥知马力，日久见人心。那些共过患难，一起经历过风雨的朋友一定要珍惜。同样，那些"三观"相同，灵魂交契的朋友也要珍惜。

最好的状态：不药而愈

悲喜交错的人生中，你要学会不药而愈。

学会淡定。人有悲欢离合，月有阴晴圆缺，此事古难全。人生的得失悲欢，就像是月亮的圆缺一样难以改变。万事万物都在人心里，只要此心不动，自然万事从容。

学会承受。不要幻想岁月静好，每个人都在负重前行。人到中年，要直面工作的压力和生活的苦难，放下无谓的面子，放下抱怨。时光永远继续，日子永远向前。

最好的状态：沉淀自己

沉淀自己，从播种善良开始。

有人说，善良优于伟大。一个人建立再大的功劳，名声再显赫，如果丧失善良，人生就是失败的。那些细微的善意，点点滴滴汇聚江河，其中蕴含的是人类生生不息的奥秘。

培养雅好。积极向上的兴趣爱好既可以培养情操，又可以提升修养。如果生活只有工作和家庭，那人生百年，岂不是太无趣了。

得失随缘。范仲淹说过："不以物喜，不以己悲"。人生在世，知足才能常乐。不要被欲望牵着鼻子走，放下得失与名利，追求精神的富足，才能获得内心的安宁。

常怀感恩。滴水之恩，当思涌泉相报。感恩他人，感恩自然，感恩生活中的一草一木、一粥一饭。

勤于读书。古人说：三日不读书，便觉语言无味，面目可憎。一个人保持读书的习惯，是为了让自己活得更精彩，也是为了丰盈自己的灵魂，让自己活得更从容。

自助者，天助之

宠辱不惊，看庭前花开花落；去意无留，望天外云卷云舒。自助者，天助之；自弃者，天弃之。

心有大抱负

一个人心中有大抱负，不会锱铢必较，才能耐得住寂寞、沉下心来做事，才能矢志不渝地坚守自己的理想。

人的一生是见天地、见众生、见自己的过程。拥有大格局的人，温和并有力量，会散发不一样的气质。

正如余秋雨所说："人的生命格局一大，就不会在生活琐碎中沉沦。

真正自信的人,总能够简单得铿锵有力。"

积蓄强能量

看过这样一句话:"成功之所以那么难,是因为它在考验一个人到底能付出多少坚持的决心。"

看了几页书,一觉得乏味就放下,可能半年都读不完一本;买齐装备,跑了几天步,就找各种理由让自己休息一下,然后就不了了之;报了培训班,三天打鱼两天晒网,最终也没收获多少……

世上没有白费的努力,也没有白来的成功。你积蓄了多少能量,日后才能爆发多大的力量。

脚踏实地是成长路上最大的智慧,因为成功从来没有捷径可言,只能点滴积累、步步靠近。

专注于自己

没有人能完全满足另一个人的需要,自己的人生终究要靠自己去奋斗。人最大的敌人,是自己;人最大的贵人,也是自己。

风雨中最坚固的屋檐永远是自己建造的，你只有学会靠自己，才能亲手营造出自己想要的生活。

减少依赖、降低对别人不切实际的期待，专注提升自己、修炼自己，你就会变得越来越有力量。

你的好运气藏在你的实力里，也藏在你不为人知的努力里，越努力，就越幸运。只要脚步足够坚定，终有一天，泥泞中也会踏出坦途。

好好爱自己

生命来来往往，来日未必方长。在爱别人之前，请先好好爱自己。

不要总为一些鸡毛蒜皮的小事斤斤计较，也不要为一些无关痛痒的事郁郁寡欢。选择一种自己喜欢的方式用心活着，让自己快乐。

烦躁的时候，试着静下来，放松自己；郁闷的时候，不妨找人聊聊天，排遣忧愁；痛苦的时候，尽情哭出来，发泄自己……平凡的每一天，都是限量版，所以千万不要辜负自己。

在自己的节奏里，过好这一生

世间万事万物皆有规律，春种、夏长、秋收、冬藏，每个阶段都有自己的特点。

近几年，关于年龄和成长的话题讨论度越来越高，"二十不惑、三十而已、四十乘风破浪……"莫言《晚熟的人》也有这样的描述："这个小说里的人物跟我一起慢慢地随着社会的发展在变化、在成长、在晚熟。"

"晚熟"这两个字，就足以概述一代人的成长——有延迟、有等待、有沉淀，同时又有希望。

找到自己的节奏

所谓把握好工作节奏,就是按时完成每个阶段的目标。无论是一家公司,还是一个人,都需要掌控好自己的节奏。

为什么有的人工作十多年,事业没什么发展?因为,他们缺少清晰的阶段目标。

将长远目标分解为多个易于达到的阶段目标,每达成一个阶段目标,都会体验到成功的快感。这也会强化你的自信心,进而推动你稳步发掘潜能,达成下一个目标。

稳定,是让人放心的品格

一个人的稳,首先体现在情绪稳定。

一个情绪不稳定的人可能会迁怒身边的人,这不仅耽误自己的工作,还会影响整个团队。此外,情绪不稳的人容易出现"意识狭窄"现象,他会死盯着负面信息并无限放大,无法做出理性决策。

情绪稳定,不仅是一种高级的情商,而且是一个成年人应该具备的基本能力。

一个人的稳,还体现在稳定的人品。例如做事守信,说话算话;为人可靠,值得信赖;不欺不骗,让人安心。

6句箴言，道破成事之要

一个人能不能成事，能成多大的事，很大程度上取决于他认知的高度。认知在哪个层级，人生就处在什么样的层次。

打破个人认知和能力的局限，往往能起到事半功倍的效果。下面这六句箴言，帮你拓宽认知，值得细细品味。

1. 不想蹚过小河的人，自然不想远涉重洋

不愿做小事的人，也不可能做出大事来。

人的平庸，大多是因为乐于安于现状，缺乏进取心。

人生若没有目标，对未来没有憧憬，容易活得浑浑噩噩，当一天和尚撞一天钟。最后在日复一日的琐事中，埋没自己，一事无成。

从易处改变，从近处做起，这是一个人非常简单的成长法则。

2. 快人半步，往往能走得更远

快速尝试、快速纠偏，也就能快人半步完成自我迭代。

反观生活中更多的人往往是："晚上想想千条路，早上起来走原路。"能果敢迈出第一步的人，自然离成功更近一步。

一个人成功的必备条件：快速行动，抢得先机，真正掌握主动。

3. 只有傻瓜才会犯同样的错误，聪明人从错误中吸取教训

生活中，难免会踩到各种"地雷"，这是一件非常正常的事情。"触雷"时，能够反省才是关键所在。

一个人不怕犯错，就怕犯错以后，不懂反思和总结经验，会一直犯同样的错误。

"吾日三省吾身。"聪明的人，不仅反思自身的错误，而且善于从别人的失败里吸取教训。在自己遇到同样问题时，就能少走一些弯路，少交一些学费。

4. 人真正变得强大，是放下傲慢心的时候

一个人怎样才能真正走向强大？往往越能放下傲慢心，成长得越快，越容易将事情做成。

这不是说为了达成目的，要丧失原则和底线。而是说，有些顽固的理念，其实并没有太大的意义，能屈能伸才是真正的英雄。

5. 马在松软的土地上易失蹄，人在甜言蜜语中易摔跤

长期处于安逸舒适的环境，会磨灭人的意志，让人放松警惕，感受不到外界的刺激和变化，察觉不到危险的临近，逐渐迷失自我。

《孟子》曰："生于忧患而死于安乐。"

世上没有永远的顺利，只有暂时的如意。人生路上，只有戒骄戒躁，谨小慎微，才能少生事端，避免阴沟里翻船。

做人不能气势太盛，自视甚高，时刻保持谦逊姿态，才能行稳致远。

6. 猛兽总是独行，牛羊才成群结队

古往今来，许多成大事者，都能安顿好一个人的时光。

有一副对联："朱晦翁半日静坐，欧阳子方夜读书。"大意是说，儒学大师朱熹喜欢花半天时间静坐，欧阳修常常在万籁俱寂的夜里读

书。可见,独处有宜于沉淀和思考。

你只有学会一个人穿过寂寞的河流,一个人扛过孤独冷峻的风暴,才能真正独立、成熟。

《哲思·成长卷》

《哲思·成长卷》

E

所谓成长，就是不断破局

层次高的人，具有这6个品质

层次高的人，彼此成就

《墨子》云："兼相爱，交相利。"

成就别人，是心态，是境界，也是格局。人生词典里，除了"胜过别人""压过别人""超越别人"之外，还应该有"成就别人"。

这个世界没有人是一座孤岛，"彼此成就"才能海阔天空。

层次高的人，喜欢读书

黄庭坚说："人胸中久不用古今浇灌之，则尘俗生其间。照镜觉面目可憎,对人亦语言无味也。"

腹有诗书气自华,一个肯读书的人,气质定然不凡。梁实秋说过:"读书和不读书,过得是不一样的人生。"

层次高的人,大度宽容

海纳百川有容乃大,山高万仞无欲则刚。

《伊索寓言》里讲,当初普罗米修斯奉宙斯之命造人时,特意在每个人身上挂了两只口袋——胸前一只装别人的缺点,背后一只装自己的缺点。

层次低的人,只能看到自己胸前的口袋,层次高的人才能看到自己背后的口袋。也就是说,只能看到别人缺点的人无比苛刻,能够看到自己缺点的人才懂得了宽容。

境界高的人,在外,见过更大的世面;对内,有过很深的反省。所以,他们从来不会跟别人计较,更多的是温柔宽和。

层次高的人,坚持自我

歌德说过:"谁不能主宰自己,便永远是一个奴隶。"

一个人唯有坚持自我,不肯随波逐流,做事的时候才能不分心,更专注更投入。

有位哲人说过:每个人降生到这个世界上,都有一个他最合宜的位置,这个位置是他降生的时候就准备好的,只等他来认领。

从来没有不需要抵抗重力的飞翔,也没有随随便便、轻而易举的成长。无论是面对未知的长路,还是身处人生低谷,坚持做自己心灵的主人,就能听到自己内心的声音,成为独特的自己。

层次高的人,进退有度

分寸感,不是指疏远,也不是指傲慢,而是指要站在较高的角度,清醒地认识自己的位置,然后做出合适的举动。

"知人不必言尽,言尽则无友。责人不必苛尽,苛尽则众远。敬人不必卑尽,卑尽则少骨。让人不必退尽,退尽则路寡。"一个人对分寸的拿捏程度,显示他的层次高低。

层次高的人,珍视生活

罗曼·罗兰那句经典名言:"世上只有一种真正的英雄主义,那就是认清生活的真相后依旧热爱生活。"

天,只会越走越亮;路,只会越走越宽广。时间不会辜负奋斗者留下的每一滴汗水,所有的拼搏奋斗都是在为更好的明天奠基。

人与人为何会逐渐拉开差距

是否顺势而为

一个人若想获得快速成长,首先要做到的是"顺势而为"。因为在这个时代,只有顺应趋势才能获得最有爆发力、杀伤力以及指数级的增长。

所谓"顺势",就是在确定的大方向里找概率。人要做成一件事情,其实本质上不在于你多强,而是你要懂得顺势而为,取得四两拨千斤的效果。

"顺势而为"意味着不能被过去的经验束缚、被已有资源裹挟,也不能被单一的专业规则和思考方式限定。而是要学会"有限多元"

的思维方式,即综合运用多种规则,同时能保持一定行业或领域上的专注。

世界存在很多不确定性,我们很难预判哪些能力会在未来更有用、哪些产品会在未来更热门。

所以,进化型的人,不会过度自信自己的专业,而是会不断学习新的知识;进化型的公司,不会过度信赖已有的经验,而是会不断研发新的产品。

有观点认为,大约 20% 的人顺着趋势做事,80% 的人按照自己的意愿和已有的经验做事,这就是人与人拉开差距的关键。

对时间的态度

世界上没有一蹴而就的成功,也没有无缘无故的失败,更没有莫名其妙拉开的差距。

任何比天大的优势,"除以"时间,都会变得平庸;任何不起眼的投入,"乘以"时间,都会变成人与人之间无法逾越的鸿沟。强者利用时间,弱者则被时间利用。

赫胥黎有句名言:时间最不偏私,给任何人都是 24 小时;时间也最偏私，给任何人都不是 24 小时。一个人如何利用时间，可能短期内看不到差距，但长久下来，差距就显而易见。

是否主动

主动性是指人在工作当中不惜投入较多的精力，善于把握事情发生的可能性，努力发现和创造新的机会，积极采取行动，进而提高工作绩效。

具有主动性的人往往干劲十足，不会等着问题发生，而是表现出积极向上、奋发进取的工作状态。

见识与格局

国学大师钱穆游览一座古刹时，看到一个小沙弥在一棵历经百年风霜的古松旁种夹竹桃。他由此感慨地说："以前，僧人种树时，已经想到寺院百年以后的愿景，而今，小沙弥在这里种花，他的眼光仅仅是想到明年啊！"

下棋的时候，真正的高手都要往后看几步，提前想到对手可能落子的地方，思考应对的办法。一个人看得越远，才能走得越远。

谋大事者必须布大局。真正拉开人与人差距的，是眼光和格局。

有的人做事，只看眼前的利益；有的人做事，却看几十年的发展。有的人遭遇挫折，一味地抱怨；有的人遭遇失败，却当作走向成功之路的阶梯。有的人看到利益，只会相互撕斗；有的人看到利益，想的却是"利他"，成全他人也成全自己。

格局和认知，说到底就是你如何看待自己、如何看待世界、如何看待世相人心。

余生，愿你迎着命运，接受自我，看大千纷纭，观落英缤纷。

提升思维层次,
人生才能破局

在现实生活中,我们偶尔会陷入一种无解的怪圈中。

有时候,我们已经够努力,却看不到工作的进展,就像走入迷宫,内心迷茫而焦虑。

大部分人都容易陷入思维的瓶颈,不确定自己的努力是不是有效,不知道自己的付出能不能持续,至于眼前利益和长远利益之间的取舍,更是无从抉择。

也许,提升思维层次才是解决问题的关键。

提高心性

世间万物,始于心,终于心。

人生的意义之一是提高心性,从内在完善自己。心性差,就很难抵挡寒冬的风刀霜剑;心性强,便能度过漫漫寒夜,迎来灿烂春光。

如何深度思考

人的思维是有层次的,眼下的难题,往往需要提升一个思维层次来解决。只有勤于深度思考,在更高的思维层次上设计解决方案,才可能从根源上解决问题,产生质的变化。

进化思维

进化思维,就是接受世界在不停变化,倒逼自己协同进化。人的思维模式、认知格局必须和生物体一样,不断进化,才能适应快速变化的世界。我们今天对于世界的"新"理解,也一定会在某一天显得很"旧"。

我们必须和世界相拥,每日精进,才能不落伍于时代。

本质思维

本质思维,简单地说就是善于透过纷繁复杂的现象,看清事物的内部联系、根本属性、底层逻辑,进而把握相关规律,顺利解决问题。

电影《教父》里有句话:"花半秒钟就看透事物本质的人,和花一辈子都看不清事物本质的人,注定是截然不同的命运。"

可见,拥有本质思维的人会迅速洞穿事物本质,抢得先机。

系统思维

如何运用系统思维?概括地说,就是处理事物,尤其是复杂事物各要素关系之间达成目的的一套整体性的解决方案。建构系统思维,有以下四大关键因素。

拆解思维。再复杂的事情也经不起具有一定破坏力的拆解,这是一种"解构性"的建设。

逻辑思维。创新本质上是运用逻辑思维工具对事物进行再认识的

过程，如果不懂逻辑常识和学习方法，对别人说的、书里写的不加分析地照单全收、机械记忆，那么，人的大脑就会变成没有生产能力的杂货间，发明创造也就无从谈起。

权重思维。权重思维的本质，是找出驱动事物发展的一个或几个关键要素，在这些关键要素上给予足够多的重视和投入，找出相对应的解决问题的策略。

战略思维。战略思维就是高瞻远瞩、统揽全局，然后把握事物发展总体趋势和方向。陷入鸡零狗碎的事务，只能说是能力的短板；只顾眼前利益、罔顾战略全局，则是私利驱动。从这个意义上说，战略思维不仅仅是一种能力，更是一种责任。

工作多年后才会明白的道理，受益终生

有的人工作多年，依旧原地踏步；有的人短短几年，便青云直上。到底是什么拉开了彼此距离？

离开平台，你可能什么都不是

现实中，一些人将平台赋予的资源理所当然视为已有，天真地以为人生路上的繁花都是自己一手栽种的，却不知没有风调雨顺，没有肥壤沃土，路的尽头只会萧瑟满目。

所以，当你拥有闪闪发光的人生，必须清楚地知道，是你自带光芒，还是所处舞台的映射？

个体与平台，是一种共生关系。一个好的平台会放大一个人的能力，而一个坏的平台会压缩一个人的能力。

珍惜所在的平台，善于将平台的资源和优势转化成自身的价值和能力，为日后的发展铺平道路，才是一个人真正的智慧。

再单调的工作，也藏着机会

你身边可能有这样一种人，明明是职场新人，却在比"前辈"快得多的时间内完成了升迁。他们是怎么做到的？很简单,他是抱着"成长心态"去工作。

要记住:就算再单调、再无聊的工作，也有非常多的内容可以学习，也藏着许多可以挖掘的机会，只是经常被你忽略而已。只有当你已经成为这个领域的专家，才有资格说它足够简单。

工匠思维更重要

面对工作，正确的方法是建立"工匠思维"——不以自我为中心，用心制造产品，多关注自己能给工作带来什么价值。工匠思维最大的好处，是能培养我们对工作的热爱。如何打造工匠思维？

刻意练习，打造核心竞争力。

很多人把刻意练习理解为"一万小时定律"，其实不然。简单的机械重复，作用不大，还必须突破舒适区，学习新知识，迎接新挑战，实现自我迭代和升级。

主动为工作赋予使命和价值。

主动为工作赋予使命和价值，不仅能让自己抛开负面情绪，把精力集中在既定的目标上，而且能扩大自己在行业内的影响力。特别是当你能感受到工作的价值时，自然会更热爱工作。

用核心竞争力提升自主力。

有的人不喜欢自己的工作，是因为对工作不具备一定的掌控能力，需要做大量不愿意做的事情。事实上，想提高工作的自主性，最好的方法是努力在职业技能上精进，不断积累核心竞争力，进而提升自主力。

想成就事业，需要"就想这么干"

对企业和个人而言，积极开拓新的领域是极其艰难的事。在那里等着的，有未曾经历过的障碍，有超乎想象的困难，而打破壁障、克服困难，需要巨大的意志力。

这就要求我们不能成为"状况盲动型"的人。他们本来打算"就想这么干"，但顾虑到社会形势、经济形势等各种不利因素，觉得"实现困难"，从而轻易放弃的人。

相反，从内心深处"就想这么干"的人，他们持有发自内心深处的、提升至信念高度的强烈愿望。不管周围的环境多么恶劣，为了实现愿望，想方设法，绞尽脑汁，不达目的誓不罢休。

真正的强者，一个人也像一支队伍

有一首诗《一个人要像一支队伍》：一个人就像一支队伍，对着自己的头脑和心灵招兵买马，不气馁，有召唤，爱自由。

能够把复杂问题简单化

"布鞋院士"李小文说过："科学本身就应该追求简单性原则，任何事情都是越简单越好，够了就行。"朴实无华的语言，却蕴涵着铿锵有力的坚定。

有时候，人们往往喜欢把简单的问题复杂化，面对一件小事，陷入各种纠结，辗转反侧却迈不出第一步。

能够把复杂问题简单化，就是教人不要过度思索，乃至过度解读，只要抓住核心，抓住重点，解决主要矛盾，一切便可迎刃而解。

做人有气度，做事有谋略

有气度的人大都有良好的心理承受能力，面对各种挑战能用冷静的心态去面对。一个人不要一味地给自己的生活增添苦闷，很多时候不是麻烦找上我们，而是我们自寻烦恼。有一颗宽容的心，既容纳了别人，又为自己减轻了精神负担。

军事家孙膑曾说："善战者，见敌之所长，则知其所短；见敌之所不足，则知其所有余。"无论战场上还是实际工作中，要学会客观分析自己和他人的优势与劣势，凭借谋略取得成功。

能够遵循规律，坚守本真

变化是永恒的。"世界上唯一不变的，就是变化本身。"

然而，透析历史片段，我们会发现，在或剧烈，或渺小的变化之外，尚有不变的"影子"，如同宇宙中的"原力"般，存在我们生活的每一个角落。

这些"不变",就是经过实践检验,得到众人认可的基本规律,是整个社会应该坚守的本真。

能扛事

对待低谷的态度,体现人生的格局。

每个人的生活,都不会一帆风顺,会遇到这样或那样的问题。有的人经受不住挫折,倒在前进的路上;而那些以顽强毅力扛过来的人,会把生活的苦难当成向上攀登的阶梯,苦难越深,离成功越近。

能够从逆境中走出来的人,才能成为生活的强者。

做人的大智慧：
学会选择，懂得放弃

面对人生的十字路口，选择哪个方向可能决定你一生的路径。

学会选择，懂得放弃

有位哲人说过："如果你不能成为大道，那就当一条小路；如果你不能成为太阳，那就当一颗星星。决定成败的不是大小，而是做一个最了解自己的你。"

学会选择，是一种人生智慧。生命是单向的旅途，选择了正确的方向，才可能达到理想之地。

其实，好的选项越多，意味着做出选择时舍弃的越多。无论最终的决定怎样,不患得患失就好。

每种选择,都有遗憾

人一生中要不断选择。有人为去哪里工作而发愁,有人为选择怎样的伴侣而纠结,还有人谨慎地选择结交每一个朋友、过什么样的生活……

人生之路,有时候越走越窄,有时候越走越宽。但每一次选择,也许会留有一些遗憾。

为选择负责,去承担后果或享受结果。

就像《但丁密码》中说的那样:人生就是不断做选择的累积,选择就是选择,无所谓对与错。一个成年人真正的担当,不是做了什么选择,而是为自己的选择负责。

怎么做选择,就怎么过一生

有句话说得好:"人生的道路虽然漫长,但紧要处常常只有几步,特别是当人年轻的时候。"

书须择而读

好的书籍是最宝贵的财富。读好书如同交益友，一本好书能打开心扉、启迪心智，也可能改变人的一生。

人须择而交

曾国藩说过："择友乃人生第一要义。一生之成败，皆关乎朋友之贤否，不可不慎也！"人的一生，会遇到形形色色的人，不是每个人都值得交付真心，不是每次相识都值得用心呵护。

选朋友，选的是人品；交朋友，交的是人心。

言须择而听

有一次，画家丰子恺画了一个人牵着几只羊，每只羊脖子上都系着一根绳子。正在家里挑水的农民看到后，笑着说："不论几只羊，只要牵住领头羊，其他的都会跟着走。"丰子恺恍然大悟，不禁感慨："要想画得好，得多向各种各样的人请教才行。"

丰子恺喜欢听批评意见，但对不了解他的人，则一笑置之。有人当众评价他说："丰子恺画的都是些车夫、苦工、用人、乡下人，甚至叫花子，上不了台面，真俗气。"他置若罔闻，依然如故，还说："我喜欢画一些人物活动场景的画，这样富有生活气息。"

一位亲戚看到丰子恺画的讽刺漫画后，劝他："还是少画为好，免惹是非。"丰子恺笑道："这也是我区别于他人之处啊！"

听得进别人的劝告是一种胸襟和豁达，接受他人的意见是一种睿智与风度。

如何判断一个人内心是否强大

很多人都曾疑惑:如何成为一个强大的人?有人说,所谓强大,无非是学会用舒服的姿态与世界相处。

一个人的强大,不仅表现在外在的体魄,而且体现在如何对待内心的感受。内心强大的人,有以下五种特征。

内心柔软,得理也饶人

很喜欢这样一句话:如果你越来越冷漠,你以为自己成长了,其实不然。越长大应该是越变平和,对全世界都温和以待。

事实上,成熟是对很多事物都能放下,愿以善眼望世界。而越是内心强大的人，越能心平气和，会善待他人，特别是弱势群体。他们懂得有理不在声高，得理也需饶人。他们不会因为受过伤、碰过壁、吃过亏，就对这个世界彻底失望，反而会更加温和地去面对和接纳所有的好与坏。

所以，强大是一种内在的坦诚，内心足够开阔，能予以自己和别人更多的包容，理解和体谅。

不过分在意别人的眼光

有时候，我们特别在意别人的眼光和评价。特别是在做选择和决定时，总期待得到别人的认可，才能信心十足；一旦有人提反对意见，就不免心生退意。

其实，每个人都有自己的活法，不必拿别人的标准去框定自己，也不必让所有人都满意。人的生命仅有一次，追随自己的内心，才不会被别人的各种看法左右，才能活成自己想要的样子。

敢于做真实自我的人，在与他人交往中往往可以表现得更加自信和从容，获得真正的快乐。

豁达，看淡得失

苏轼一生中三次被贬。被贬黄州时，一天，他在快哉亭赏景，江面像镜子一样平静，远处的山色若隐若现。忽然狂风大作，江面波涛汹涌，一只小船随浪颠簸，时隐时现，苏轼的心跟着紧张起来。大风过后，船夫驾着小船慢慢驶去，江面又恢复平静，好像什么也没发生一样。苏轼感叹道："一点浩然气，千里快哉风。"人有浩然之气，就无惧风浪，遇到任何事都可以泰然处之，以豁达之心待之。

放下，不沉湎于过去，可以理解为成熟；不与烂人烂事计较，可以理解为豁达。一个内心强大的人，往往都具备这样的品质，心胸开阔，看淡得失，乐观、开朗、洒脱。

不乱节奏

人在一起相处，难免会互相比较。有时，我们会因为别人领先于你，而感到着急；有时，我们又会因为别人的懈怠，而略微放松。但真正强大的人，懂得把握好自己的节奏。他们不会盲目地跟别人攀比，也不会受他人负面情绪的影响，而是不慌不忙地朝着自己既定的方向迈进。

舍得对自己下狠手

有句话说得好：不逼自己一把，你永远也不知道自己到底有多优秀。那么，什么样的人才会逼自己一把呢？答案是：内心足够强大的人。

他们足够自信，懂得欣赏自己，也渴望遇到更好的自己；他们足够理智，知道只有不断强大自己，才能走得更远；他们足够豁达，不在乎一时的得失或成败；他们足够坚强，不轻易被打倒，不轻言放弃……

如此，他们才敢放手一搏，舍得对自己下狠手，逼着自己变得更好。

豁达的人生观，
就藏在这 5 句话里

有人认为，人的一生中大概 5% 是快乐，5% 是痛苦，90% 是平淡。想要豁达的人生，需要看懂以下 5 句话。

平淡，才是生活的真相

我们大多数时候生活在快乐和痛苦之间，日复一日，平平淡淡。

记得一位网友曾说："过日子不是每天手牵手去电影院，而是你要学会洗衣做饭，像父母那样生活。"

世间总有千般万般求不得，不如学会接受生活的庸常岁序，然后从 90% 的平淡中，试着把生活向幸福那头靠拢。

在不确定的世界里,做好确定的自己

命运随机出牌,我们自以为稳定的生活,也许像沙堡一样,潮水一来立刻被冲垮。

一个人静下来的时候多看看书,为下一次出发积蓄力量。如果居家工作,多学学时间管理和远程协作,为今后实现办公地点自由做好准备;如果生意停摆,就让自己也停下来,谋划一下未来事业的方向。

面对不确定的世界,克服内心的焦虑和恐惧,稳住心态,做好确定的自己。

有积蓄,才有生活的底气

以前,我们嫌爸妈太节省,经常口无遮拦地说:"不会花钱,怎么能挣钱呢?"一旦经历人生变故才明白,存点钱还是很有必要的,至少还能用存款应付日常生活开销。

消费主义总是鼓励我们"买买买",从几百元的口红,到几万元的奢侈品,好像没有这些,我们就不能彰显自己的身份。

其实,一个人的价值,不在于你能消费什么,而在于你能创造什

么价值。

明天和意外,谁也不知道哪一个会先来,一定的积蓄是我们面对意外最大的底气。所以,我们只有在风调雨顺的好年景里储备好各种物资,才能熬过寒冬,迎来春天。

人要有清醒的大脑和独立的灵魂

勒庞在《乌合之众》中指出,当个人是一个孤立的个体时,他有着自己鲜明的个性化特征,而当这个人融入群体后,他的思想立刻就会被群体的思想所取代,呈现出"盲目""冲动""狂热""轻信"等特征。

现实世界,总会有一些谣言的生产者和搬运者,但谣言止于智者,止于有清醒头脑和独立灵魂的人。

成为建设者、奋进者

机遇只会眷顾建设者、奋进者、搏击者,不会等待犹豫者、懈怠者、畏难者。

一砖一瓦砌成事业大厦,一点一滴创造幸福生活。世间一切美好,往往蕴涵着建设者的心血,凝聚着奋进者的汗水。

成年人特别需要的思维能力：
破局思维

何为破局？一般指努力突破现有的局限，尝试站在更高的思维层面来看待问题和解决问题。

破局，需要看得远：能看到事物发展的脉络，找到过去和现在的关系；需要看得透：能够理解事物发展的规律，看到事物所处的"层级"。

识局

尝试做一个简单的实验。

将一束光投射在墙上，形成一片光亮的区域。然后，把你的手伸到光源前面，光亮的墙上会出现你手掌的影子。这时候，如果想要改变墙上影子的形状，能直接在墙上修改影子吗？显然做不到。我们只能改变手掌的姿势，这样才能真正改变影子的形状。

墙上的影子，处于二维平面，而现实中你的手，处于三维立体世界，影子只是三维立体的手在二维平面上的投射。如果想要改变二维平面的影像，就要上升一个维度，到达三维空间去做改变。

当一个人看清周围，认清自己，也就认识了自己所在的局。上面这个实验告诉我们，识局就是一个提升思维层次、解决具体问题的过程。

解局

人的认知系统非常复杂，我们脑子里可能存在着各种声音、想法和思路，同时外界丰富的信息也在不断地涌入大脑。大脑在整合信息做出决策的时候，有着不同的逻辑层次。

1 价值观层面

价值观，有时可以理解为我们内心的一套信念拼图，它会潜移默化地影响我们看待周围事物的角度和为人处事的方式。

2 能力层面

能力层面，则与一个人在现实中拥有的选项相关，每产生一个选项都需要一种或多种能力，所以选项越多，能力越大。

3 行动层面

行动层面，指的是"做什么""有没有做"，即我们如何运用各种能力去做事情。

4 环境层面

环境层面包括对所有身体以外的条件的感知，如人、事、物、地点、金钱等。

概念

升维思考，是从具体问题中跳出来，尝试去解决更高层的问题、更长期的问题、更根本的问题，甚至是更多人的问题。

方法

提升思维的层次，很重要的一点是把时间这个维度纳入考量。

大部分时候，我们容易高估短期的收益，而低估长期的价值。但是，如果加入时间这个维度，那大部分事情就容易变得清晰明了起来。

一个人对于时间的认知，往往决定升维思考的高度。

破局

"会当凌绝顶，一览众山小。"从低层次的思维模式，逐层往上探究高层次的思维模式，升维的过程往往能够挖掘出问题的关键所在。同时结合时间维度进行思考，则会让我们更加清楚事情未来的演化方向，明晰自己的选择。

当思维处于一个更高的维度，也就拥有"降维攻击"的能力，它让我们从眼下的困局中跳脱出来，以一种全新的方式来看待世界，原来的问题也就迎刃而解。

18个终身受用的思维方法，你不可不知

关于素养

蓝斯登原则

在你往上爬的时候，一定要保持梯子的整洁，否则你下来时可能会滑倒。

进退有度，才不至进退维谷；宠辱皆忘，方可以宠辱不惊。

卢维斯定理

谦虚不是把自己想得很糟，而是完全不想自己。

如果把自己想得太好，就容易将别人想得很糟。

托利得定理

测验一个人的智力是否属于上乘，只看脑子里能否同时容纳两种相反的思想而无碍于其处世行事。

事务至少有正反两面，正面地看问题，才能做出更准确的决策。

摩斯科定理

你得到的第一个回答，不一定是最好的回答。

我们要刨根得根，问底知底。

关于相处

刺猬定律

刺猬在天冷时彼此靠拢取暖，但要保持一定距离，以免互相刺伤。

保持亲密的重要方法，乃是保持适当的距离。

美即好效应

对一个外表英俊的人，人们很容易误认为他或她的其他方面也很不错。

印象一旦以情绪为基础,这一印象常会偏离事实。

波克定理

只有在争辩中,才可能诞生最好的主意和最好的决定。

无摩擦便无磨合,有争论才有高论。

韦奇定理

即使你有了主见,但如果有十个朋友看法和你相反,你就很难不动摇。

未听之时不应有成见,既听之后不可无主见。

关于沟通

斯坦纳定理

在哪里说得越少,在那里听到的就越多。

只有很好听取别人的,才能更好说出自己的。

费斯诺定理

人有两只耳朵却只有一张嘴巴,这意味着人应该多听少讲。

说得过多,说就会成为做的障碍。

避雷针效应

在高大建筑物顶端安装一个金属棒,用金属线与埋在地下的一块金属板连接起来,利用金属棒的尖端放电及金属的导电性,使云层所带的电和地上的电中和,从而保护建筑物等避免雷击。

善疏则通,能导必安。

关于合作

氨基酸组合效应

组成人体蛋白的8种氨基酸,只要有一种含量不足,其他7种就无法合成蛋白质。

当缺一不可时,"一"就意味着一切。

磨合效应

新组装的机器，通过一定时期的使用，把摩擦面上的加工痕迹磨光而变得更加密合。

要想达到完整的契合，需双方都做出必要的割舍。

关于热情

晕轮效应

很多人崇拜明星，有的人收集明星用过的一切东西，有的人模仿明星的行为。

避免以偏概全、"爱屋及乌"，要全面观察、感受、反思，再做判断。

倒"U"形假说

当一个人处于轻度兴奋时，能把工作做得最好。当一个人一点儿兴奋都没有时，也就没有做好工作的动力；相应地，当一个人处于极度兴奋时，随之而来的压力可能会使他完不成本该完成的工作。

世界网坛名将贝克尔之所以被称为常胜将军，其秘诀之一就是在比赛中自始至终防止过度兴奋，而保持半兴奋状态。所以，有人将倒

"U"形假说称为"贝克尔境界"。

关于处世

吉格勒定理

除了生命本身,没有任何才能不需要后天的锻炼。

水无积无辽阔,人不养不成才。

巴菲特定律

在其他人都投资的地方去投资,你是不会发财的。

特色不特,则优势无优。善于走自己的路,才可能走别人没走过的路。

弗洛斯特法则

在筑墙之前应该知道把什么圈出去,把什么圈进来。

开始就明确界限,最终就不会做出超越界限的事来。

《哲思·成长卷》

《哲思·成长卷》